旅游景区语言服务与翻译
——以四川省旅游景区为例

殷明月 管 静 周 鹤 姜学龙 著

西南交通大学出版社
·成 都·

图书在版编目（CIP）数据

旅游景区语言服务与翻译：以四川省旅游景区为例 / 殷明月等著. —成都：西南交通大学出版社，2020.11
ISBN 978-7-5643-7759-5

Ⅰ. ①旅… Ⅱ. ①殷… Ⅲ. ①旅游区－翻译事业－服务业－研究－四川 Ⅳ. ①F592.771②H059

中国版本图书馆 CIP 数据核字（2020）第 201605 号

Lüyou Jingqu Yuyan Fuwu yu Fanyi
——yi Sichuan Sheng Lüyou Jingqu Wei Li

旅游景区语言服务与翻译
——以四川省旅游景区为例

殷明月　管　静　周　鹤　姜学龙　著

责任编辑	孟　媛
封面设计	原创动力
出版发行	西南交通大学出版社

（四川省成都市金牛区二环路北一段 111 号
西南交通大学创新大厦 21 楼）

邮政编码	610031
发行部电话	028-87600564　028-87600533
网址	http://www.xnjdcbs.com
印刷	四川煤田地质制图印刷厂

成品尺寸	170 mm×230 mm
印张	13.25
字数	207 千
版次	2020 年 11 月第 1 版
印次	2020 年 11 月第 1 次
定价	86.00 元
书号	ISBN 978-7-5643-7759-5

导 言

　　中国旅游资源丰富，文化底蕴深厚。随着各景区国外游客人数的不断增长以及旅游业的国际化发展，旅游翻译越来越受到社会各界的关注。旅游景区，尤其是人文景点是对某一地区文化的集中展览。从这个角度上讲，旅游翻译就是翻译与传递文化，是一种文化传播活动。若以游客的视角审视旅游活动中的翻译，一般来说翻译产品涉及以下几个类别：游客在实际旅游行为发生前所接触到的旅游目的地宣传资料，包括宣传视频资料、旅游手册、旅行社服务介绍等；在游客实际旅游活动中接受的语言翻译服务（包括人工翻译讲解和机器翻译讲解）、旅游景区公示语、景区牌匾及展品介绍等。可以说，旅游活动中翻译无处不在。本书着重探讨涉外旅游行为发生时，游客接触到的翻译人员及产品，讨论旅游翻译中语言服务的质量以及各类宣传公示语、诗词牌匾和展示品的翻译策略。本书分为四个章节，分别对应景区语言服务及导游口译、景区公示语翻译、景区文化翻译和景区展品翻译。

　　本书的第一章主要介绍了我国景区语言服务的大体概况，对语言服务这一概念的学界讨论作出了总结和重新定义。同时，本章也展示了目前中国语言服务行业和翻译服务行业的市场基本需求，明晰了景区外语类语言服务的类别、特点、从业人员专业素质及行业发展瓶颈。本章重点讨论景区语言服务中的人员（即导游口译）在涉外旅游活动中的角色。导游口译的以游客为中心、以有效传递文化信息为导向的服务性角色，它与其他场合的口译人员（如会议口译、外交口译、医疗口译、法律口译）有一定的差异。这一区别最为明显的体现是口译中的准确性与中立性。而这两大不同决定了涉外旅游活动中导游口译员的角色有三重含义，即文化引导员、文化交际阐释者和文化交际协调者。通过四川省旅游景区中导游人员的案例，借助转写与口语文本细读的方式，我们可以发现导游口译的准确性，由于受到时间和游客认知的限制，具有功能导向性。也就是说导游口译是以减轻游客文化过载为目的导向的忠实与再现；同时导游口译也很难做到绝对的中立，他们多秉持着以人为本的交互式语言服务理念，通常站位更靠近于游客，而非绝对客观中立。

第二章探讨了景区公示语的翻译。公示语（Public Signs），又称标识语、标示语，是指公开面对公众的告示、指示、提示或警示及与其相关的信息，是一种常见于受众生活中的特殊文体。公示语在日常生活中随处可见，例如公共设施和旅游景点的标识，以及军警重地和其他易招致危险的场所警示性公示，等等。作为一种特殊文体，公示语已渗透到我们生活的方方面面。不同种类的公示语作用不同，汉语公示语和英语公示语有各自的语言特点。汉语公示语的语言一般都简洁明了，有以下特点：第一，多用名词；第二，使用动词+名词词组；第三，使用单独的动词词组。英语公示语同汉语公示语一样，大多简洁直白，有以下主要语言特点：第一，大量使用名词（或动名词）；第二，大量使用动词；第三，大量使用词组、短语；第四，使用缩略语；第五，多用现在时态；第六，按需使用大写。据 2016 年 1 月 12 日成都市政协发布的《关于对成都市著名旅游景点翻译问题的调查与建议》给出的数据，成都市旅游景点公示语的翻译状况堪忧，成都市内景区公示语翻译存在大量误译和漏译现象。

本章选取了峨眉山—乐山大佛景区和成都金沙遗址博物馆景区为例，以收集的语料为基础，讨论了四川景区公示语的翻译策略和方法。笔者发现，旅游景区公示语的英译存在着一定的误译和不规范现象。这些不规范现象主要表现为：第一，英译公示语功能改变；第二，过度省略；第三，忽略原公示语的核心信息。旅游景区公示语是我国文化的传播途径之一，景区公示语的翻译在一定程度上影响着我国旅游业在国际上的竞争力。四川作为一个旅游大省，有着丰富的旅游资源，每年接待来自国内外的游客，四川景区公示语翻译的规范化建设尤为重要。针对这一情况，笔者以图里

（Gideon Toury）和切斯特曼（Andrew Chesterman）对翻译规范的讨论为切入点，探讨了旅游景区公示语的英译问题。在景区公示语的翻译过程中，译者应注意两种语言在句法方面的差异，尽量使用地道规范的译入语表达原语的句法层次，但应以读者接受为大前提，在保留中国文化特色的前提之下尽量向译入语读者靠拢。从收集的语料来看，四川省旅游景区景点名称公示语的翻译方法并不统一，常用的翻译方法有：音意合译；汉语拼音音译；直译；意译；音译加注。为了使省内各景点名称英译更为规范，可考虑统一选用音译加注的翻译方法。

第三章主要聚焦景区中文化负载文本的翻译。文化翻译已成为很多学科研究领域的关键性概念工具，不同学科对其有不同程度的涉及与讨论。在翻译学中，1990年文化转向之前，文化翻译侧重于文学翻译中语言所承载的文化因素研究；而在文化转向后，文化翻译逐渐转向文化现象的整体性研究。在文化学中，文化翻译实质上是将翻译的隐喻性作为理论工具，对某一区域或群体的文化整体、文化状态、文化现象进行研究。而在人类学中，人类学家们将整个他族文化作为翻译的对象，而且大多他族文化承载形式是口传性的，所以并无固定而具体的源文本存在，因此民族志文化翻译更接近于翻译研究中的无本翻译。无论是只关注文本中文化因素的文化转向前期翻译理论，还是将翻译研究扩大至广义文化现象的理论，都是研究翻译与文化的关系问题，各学科之间可以相互借鉴、相互补充，使文化翻译研究更加系统、更加全面。

厘清了不同学科文化翻译概念之后，笔者对景区中常见的文化翻译对象：诗歌、对联、碑文、景点名称、民歌进行了分类，并研究了各自的翻译特点，提出相应的翻译策略、方法与技巧。笔者认为，翻译策略、翻译方法、翻译技巧这三个概念之间是一种自上而下的层级关系。本章中笔者首先讨论了景区文化翻译原则，其次，在原则的指导下探讨了异化、归化、深度翻译三大文化翻译策略。接着，根据异化、归化策略对文化翻译方法进行分类并举例讨论，其中异化策略下的翻译方法包括：直译、逐词译、音译与零翻译；归化策略下的翻译方法包括：意译、仿译、变译与创译。最后，结合诗歌、碑文等翻译实践，对文化翻译中常用到的五种翻译技巧：

增译、省译、转译、分译、合译进行了探讨。概言之，不论是诗歌、楹联、碑文还是文化专名与民歌翻译，均兼有文学典籍翻译与旅游翻译的双重性。从翻译策略来看，典籍翻译与旅游翻译是矛盾的，前者重文采，而后者重通俗。这就需要译者在翻译过程中平衡景区文化翻译的这种双重属性，坚持"以达意传神为基础，兼顾文化传递与旅游服务"的翻译原则，依据不同的文本类型，结合不同的文化语境，采取不同的文化翻译策略、方法与技巧。

第四章景区展品翻译研究的落脚点放到了博物馆展品的翻译上。美国旅游学研究者克瑞斯·库珀（Chris Cooper）在其 *Tourism: Principles and Practice*（《旅游学原理与实践》）一书中指出，按照类型对旅游吸引物（attraction）进行分类的话，包括"自然吸引物和人造吸引物"，人造吸引物就包括文化类型的博物馆（2004：326）。"博物馆"一词至今都没有一个能够普遍接受的定义，"直至 20 世纪，传统意义上的博物馆才逐渐划分为三大类型：美术博物馆、历史博物馆和科学博物馆"（曹意强，2008：3）。博物馆是非营利的永久性机构，以学习、教育、娱乐为目的。"博物馆事业是衡量国家文明程度的重要尺度"，"是一种高品位的特色旅游资源"（章采烈，1997：1-6）。博物馆展品不仅是一种文化符号，也是一种非文字类型的语言符号，它们自身就是书写和诉说历史的语言。如何将这些负载着文化的符号通过翻译这个媒介传播出去，为中国文化插上一双遨游世界的翅膀，是一件值得深思的学术工作，有着重要的文化价值和现实意义。但目前展品翻译的相关研究可谓是凤毛麟角。

本章从翻译的传播学研究视角出发，选取了四川省内具有代表性的几个博物馆（成都博物馆、金沙遗址博物馆、四川科技馆、自贡盐业历史博物馆、成都现代美术馆），按照历史博物馆、科技博物馆、美术博物馆的分类，对其馆内展品翻译的现状进行了分析，重点落在了翻译传播者、讯息、翻译媒介和受众上。按照信息传播研究的 7W 模式（传播者—传播目的—讯息—传播媒介—环境—受众—效果）信息链，以及信息论、控制论、操纵论、系统论等相关理论概念，本章研究分析了景区展品介绍的中文作者，即博物馆相关工作人员和展品的创作者，指出了他们对于信息的收集、筛选、加工和传播等方面的操控；讨论了参观博物馆的中外游客的三种类型：视觉欣赏型、深入了解型和拓展学习型。我们提出了博物馆展品分级翻译的方法，具体是指将展品信息按信息含量的大小分成若干层级、采用不同的翻译方法将其译成目的语，并负载于不同的翻译媒介，让不同的游客群体按照各自的需求摄取相应的译文信息，如此一来可以更好地实现信息多层次、循序渐进的传播和接受。

基于对景区展品翻译中不足和问题的分析，从翻译传播学研究的视角出发，笔者认为景区展品翻译工作的目标和重心应该要适当进行转移，做好三个立足：第一，立足于国外游客的文化传播。第二，立足于国内游客的英文语言、文化知识的普及。景区展品的翻译不能仅仅只为国外游客服务，同时也要定位于中国游客自身外语素质的提高。这样可以提升国人自己的文化素养，同时也能提高国人的文化自信和文化自觉。如此一来，每一个中国人自身都可以成为一个移动的自媒体，当国人出国或者与外国人士接触的时候，自身也能成为移动的博物馆，随时成为文化信息的源泉，让国外人士有更多的渠道了解中国文化。第三，立足于更多非英语国家的小语种的翻译。在多个目标驱动下，四川景区展品的翻译应该有更高的立意和追求，不应该将这项事业等闲视之。

目 录

第一章

景区语言服务及导游口译

在经济腾飞的今天，人们物质生活日益富足，对精神世界的探索有了更深层次的追求，加之全球化趋势为文化交流助力，近年来全球旅游业蓬勃发展。按照目的地所在国来划分，旅游可分为国内旅游和出国旅游。按照旅游主题和内容来分，旅游可分为自然风光旅游和文化旅游。全球各地的文化旅游在近几十年间快速发展，游客量剧增，出现了多级别的、更为细致的文化旅游细分市场，如民族民俗民风游、名人故居游、节日庆典游、影视旅游等。此外，在不同的国家和地区还有与当地历史相关的文化旅游路线，如中国的红色路线旅游、美国的独立战争与内战的角色扮演旅游等。无论是哪种分类形式下的旅游，都离不开旅游产业中的语言服务。本章主要分为三个部分阐释旅游景区语言服务的现状、分类特点及语言服务从业人员概况；详述并评析导游口译的角色及导游口译口语文本特征；分析评价四川各景区导游口译的现状、质量及相应的口译策略。

第一节　景区语言服务概述

旅游是文化交流的一种方式，也是最为大众喜闻乐见的一种休闲活动。在轻松的氛围内，通过参观、游玩等方式，丰富个人的知识体系。因此，旅游活动可以看作一种认知行为，在认知的过程中，认知主体通过观看、阅读、聆听、触摸、嗅、尝等方式内化陌生的他者文化。在这种认知行为发生时，认知主体如果存在语言障碍会导致认知的过程难度增加且认知结果可能出现偏差。旅游景区的语言服务可以帮助作为认知主体的游客减轻认知负荷，提高游客文化内化的效率。如今世界各地游客接收量大的旅游胜地都具备语言服务配套设施，无论是带有 GPS 定位系统的电子导游仪、景区工作讲解人员跟随游客游览讲解的"贴身"语言服务，还是景区展牌上的多语种介绍文字，都属于旅游景区语言服务的范畴。旅游景区的语言服务的扩大与质量的提升离不开国家语言服务行业的发展和语言服务政策的出台；现代科技的发展和专业人员的培养也为景区旅游语言服务的多样化发展提供了支持。

一、语言服务行业与翻译语言服务

语言服务的产生可以追溯到古代部落之间的贸易、祭祀、交往活动，那时有专人司职从事语言转换，帮助不同部落和国家地区之间的交流，可以将其视作口译的雏形。人类口译活动出现的时间早于书面文字。在人类创造了语言后，语言不同的部落人群在战争外交、商贸往来、敬奉祭祀等交往活动中，有人扮演着协调者的角色，通过转换语言、表达方式和肢体动作，协助不同语言使用者进行交流，这可以看作口译活动的雏形。在公元前 3000 多年前的古埃及寺庙和墓碑上刻载了作为囚犯或者臣仆的异邦人向埃及朝廷卑躬屈膝、进献贡赋的场景。（任文，2010：1）虽无文字记录，但可以推测，在此场合下，应有在场人员司职帮助不同语言使用者沟通。在中国，自夏商时期始，我国已经与周边各国交往，中原地区与外族人民也已相互接触。但有明确记载担任翻译工作的官职记录是在《周礼·秋官》中的象胥，其主要职能是"掌传达异国来使之语言。即汉代译官令、九译令之起源"（黎难秋，2002：2）。无论是从西方还是中国的口译史来看，最初司职口译活动的人员在角色认定上多是官员，或具有特权的人：比如，象胥是大行人之属官之一，而大行人主要负责接待远方来朝的贵客（黎难秋，2002：2），在身份上应是国家官职；埃及石碑上刻画的祭祀进贡场景也非普通百姓能自由进入的场合，因此协助祭祀献祭的双语使用者在社会身份上具有特权。也就是说，从口译活动有史记载以来，译员在角色上就具有双重性的特征：既是协助交流的双语使用者，又是交流活动中一方的官员或特权拥有者。他们在口译场合中的决策和行为既直接影响着交流参与方的关系发展，同时也受当时社会文化的规范规约、自身角色认定以及是非道德价值判断的影响。可以说口译行为作为语言服务的一个部分，从始至终都在文化间的交流中扮演着重要的角色，译员的翻译策略决定着文化交流的走向，也受交流双方认知、地位、文化背景等因素的影响，同时受制于交流活动的环境。

值得注意的是，虽然语言服务的起源与口译活动和翻译密不可分，并且在当代语境中"语言服务"一词也常常和翻译活动联系在一起，比如2008年北京举办奥运会期间，"语言服务""语言服务志愿者"等词频频出现在媒体宣传报道中，这些报道详述了相关职能部门和民间团体如何在奥运会筹备阶段及举行期间为外国友人提供英语、法语、西班牙语、日语、俄语等语种的翻译服务，但语言服务却不等于翻译服务或者口译服务。

语言服务在全球兴起并逐渐行业化、规范化，是深受国际社会政治、经济、文化等交流影响的结果，但目前学界对于"语言服务"概念的准确定义及其囊括的范围和使用的工具尚未形成较为一致性的共识。学者从多个视角看待语言服务，并赋予其不同的定义及范畴。以下是部分学者从不同视角对"语言服务"的阐释：

（1）语言服务是以语言（含方言、文字）为主要媒介手段或者产品内容的服务行为。语言服务主要有宏观和微观两个层面的含义。微观语言服务主要是指一方向另一方提供以语言为产品内容或者主要工具手段的、并使接收方从中获益的服务。微观语言服务的主体多为某经济团体或个人。宏观语言服务是指国家或者政府部门为保证辖区内公民合理、有效地使用语言而对语言资源的有效配置及规划、规范。宏观语言服务的主体是政府部门或者学术团体，其核心目的是发展语言经济、开发语言资源和解决语言问题。（李现乐，2011：26）

（2）语言服务以帮助人们解决语际信息交流中出现的语言障碍为宗旨，通过提供直接的语言信息转换服务及产品，或者是提供有助于转换语言信息的技术、工具、知识、技能等，协助人们完成语言信息的转换处理。（袁军，2014：22）

（3）语言服务就是利用语言（包括文字）、语言知识、语言艺术、语言技术、语言标准、语言数据、语言产品等语言的所有衍生品，来满足政府、社会及家庭、个人的需求。（李宇明，2014：93）

李现乐对于语言服务的定义较为简洁，认为语言在语言服务中既可以是媒介手段也可以是内容。李现乐的定义是从语言经济学的角度出发，着重于语言服务的应用领域以及供需关系。从微观层面来说，语言服务的应用领域可以是个人或者团体的获益行为，信息在此过程中实现有效传递；从宏观层面来说，语言服务是一种政府资源配置的行为，有其政策导向性。同时，语言服务的提供者和接受者存在供需关系。"语言服务是一个双向的过程，涉及语言服务的提供者和接受者，从经济学角度看，这两者的关系是语言服务的供给与需求。"（李现乐，2011：24）袁军的定义突出了语言服务的宗旨目标，也指出了语言服务具有协助性和服务性这两条语言服务的属性，同时也将语言服务的范围从提供语言文字转换及其产品本身拓展到了有助于转换语言信息的工具、技术、知识等辅助产品。袁军对于语言服务的定义更强调了跨越语言障碍这一特质，更偏向于翻译或者口译服务的定义。李宇明对于语言服务的定义将其范围进一步扩大，包含了语言标准和语言艺术，并将定义与现代技术和信息化时代发展相结合，增补了语言数据一项，同时也从侧面强调了语言服务是围绕着满足政府、社会与家庭、个人需求来开展的。

从广义上来说，语言服务可以细分为以下四类。第一类是提供语言知识类的服务型活动，比如编撰字典、制定语言文字规范及标准等，其目的在于从认知广度或者深度为服务对象扩充语言知识内容。第二类是提供语言辅助手段的服务型活动，比如语言技术、语言工具软件等，其目的在于提供相应的语言类科学技术手段辅助服务对象以达到服务对象设定的目标。第三类是语言运用类服务，比如语言使用服务，如翻译、打字等，或者旨在帮助有语言障碍或者丧失语言能力的人恢复语言能力的康复类服务活动，如矫正口吃、损伤性语言退化症状的康复等；第四类是语言教育服务，例如意在提升国民语文水平的教育服务（学校的语文课、语言文艺活动、扫盲活动等）和外语教育服务。这四类语言服务活动中涉及的具体服务范围如表 1-1 所示。

表 1-1 语言服务类别与范围

服务类别	服务范围
语言知识服务	即采取不同的方式，为服务对象提供语言知识，这是最基本的语言服务。例如：编纂字词典，帮助人们查检和解决字词疑难；国家制定语言文字规范及标准，供人们掌握和遵循；面向自然语言处理的语言研究，把语言规则按照机器识别处理的需要形式化，供编程者使用；把各种语言知识和语言材料数字化，建设语言资源数据库，以满足人们的各种不同需求等
语言技术服务	即为服务对象提供语言技术（凡是带有操作技巧性、工程技术性的语言应用和语言加工处理方法和手段，都视为语言技术）。例如：语音合成技术、语言文字识别技术、字库词库技术、语言文字鉴定/侦破技术、机器翻译技术、检索技术、文本转换技术、语言文字排印技术、文字雕刻制作技术等，都属于语言技术服务
语言工具服务	即为服务对象提供语言应用工具性产品。所谓语言工具，主要是指用来处理、视听、录制、展示、储存语言文字的各种产品。例如：掌上翻译器、网络在线翻译、语言文字编辑软件、多语言服务智能系统、语言播放器、文字阅读器、字词卡片等
语言使用服务	即为服务对象提供语言基本运用方面的帮助。这类服务最具有代表性的是语言翻译服务，如今还包括职业写手（如代写论文、短信等）、速记、命名、配音、播音、打字、文秘、语言训练、语言文字水平测试、语言文字应用管理、语言咨询、标牌制作、语言广告、语言救助等
语言康复服务	即帮助有语言障碍或丧失语言能力的人恢复语言能力。包括：口吃矫正、聋哑人语言训练、失语症治疗等，开拓空间较大
语言教育服务	即为服务对象实施语言教育。从教育内容上看，包括母语教育和外语教育；从教育形式看，包括全日制语言教育和业余语言培训

根据上述当前学界的相关讨论，我们可以将语言服务定义为交流活动中的某一方向其他参与者或者部分参与者提供以语言文字为内容或者载体，旨在帮助交流各方实现信息流通的劳动性服务。在此定义的基础上，语言服务还包括以下几层含义：第一，语言服务的提供方可以是机构或者个人。第二，语言服务的实施方可以是人或人工智能等现代科技手段。第

三，语言服务的传递形式可以是已经翻译好的文本或谈话、演讲等传统形式，也可以通过现代技术手段传递，如语言服务人员带上话筒，服务使用方带上接收器（接收耳机）实现传递，或者语言服务人员发出口头语言文本，语音识别系统即时识别并以文字字幕的方式呈现在屏幕上，等等。

现代翻译语言服务的出现源于西方国家和地区，是伴随着多民族多语言多文化社会和国家的发展而产生的，是平权运动的结果之一，也是多元社会和区域一体化进程的标志之一。例如，在美国的法庭、医院、政府机构等公共服务领域，用英语沟通存在困难的人可以请求获得语言帮助。届时，公共服务机构指派或者自愿服务的口译人员（包括手语翻译）会向这些存在语言使用困难的群体提供翻译语言服务，这种服务可以是译员在现场的翻译服务，也可以是远程电话或者视频翻译服务。在区域一体化进程中，语言服务也是各国家和地区沟通的重要一环，比如欧盟议会发言讨论以及欧盟官方文件的效力，都依赖于欧盟的语言政策指导下的语言服务。

随着改革开放、加入世贸组织以及"一带一路"倡议的提出，中国的国际化程度不断提升，使得中国的语言服务突飞猛进，行业化、规范化趋势明显。翻译语言服务公司和机构如雨后春笋般在全国各地设立并发展壮大，各类翻译资格认证考试日渐规模化、标准化，语言服务培训、翻译本科及硕士（Bachelor/Master of Translation and Interpreting，BTI/MTI）等学位项目的数目不断壮大。翻译语言服务的研究性学术会议及行业大会的召开和细分化、语言服务工具和现代技术的发明都是语言服务质量提升的表现，尤其是 2008 年北京奥运会筹备和举办期间，"语言服务"一词被媒体广泛运用，深入大众脑海。

2018 年 11 月 19 至 20 日，中国翻译协会常务副会长兼秘书长、中国翻译研究院执行院长王刚毅在"改革开放 40 年与语言服务创新发展论坛暨 2018 中国翻译协会年会"上作大会主旨发言，并发布了《2018 中国语言服务行业发展报告》（下称《报告》）。王刚毅在发言中指出"语言服务作为重要的经济要素和基础支撑起到了积极推动作用。语言服务产业经历了发展萌芽、初具规模、稳定发展、繁荣上升几个阶段。在引进来、走出去的大环境以及大数据、人工智能的新时代背景下，语言服务产业得到了长足发展"。根据《2018 年中国语言服务行业发展报告》的数据，受访语言服务企业涵盖的专业领域图 1-1 所示。

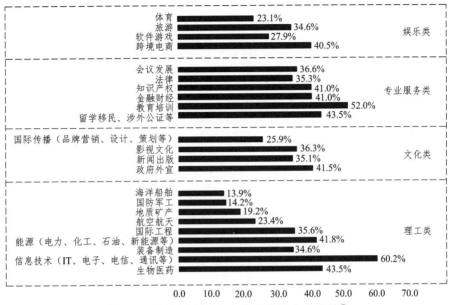

图 1-1　受访语言服务企业涵盖的专业领域①

《报告》显示，从服务的领域来看，语言服务分为娱乐类、专业服务类、文化类和理工类。在每一大类别中，《报告》列举了占比较大比例的语言服务发生的领域。在娱乐类语言服务中，旅游语言服务占总量的 34.6%，仅次于跨境电商中开展的语言服务。

跨入 21 世纪以来，有学者指出国内长期不够重视城市语言服务环境的建设，主要依托零散的语言服务机构或者双语人员来实现临时性的语言沟通，导致一系列问题的存在，比如路牌、指示牌、公告牌、公共场所标识等城市标识，多数没有使用双语，极少数采用双语的标识，也存在拼写错误、书写不规范、措辞欠妥、语法错误、表达方式不当等问题。（张伟、郑中原，2004：67）在日常生活中，由于翻译而造成交流误会和困难，甚至

---

① 图片来自中国翻译协会《2018 年中国语言服务业年终报告》。

闹出笑话的也屡见不鲜。比如，在成都著名佛教文化旅游景点文殊院景区内，不少四川小吃店的广告招牌上中英文小吃译名错误百出，三大炮被翻译为"Three Canons"、撒尿牛丸被译为"pee beef ball"、冰粉被评为"cold pink"，让外国友人看后不知所云，甚至啼笑皆非。

翻译语言服务环境的改善，依托于语言服务产业各环节服务的内部发展以及相关部门和协会的外部监控、监督、监管两方面的共同作用。语言服务产业内部的发展近年来成效明显。产业内部的发展一方面得益于市场自发的调节作用。全球化进程带来外语类服务需求增多，使得拥有优质语言服务质量及资源的机构与个人在行业内形成口碑效应，淘汰了部分劣质语言服务提供方。另一方面得益于教育部门对于翻译语言服务的重视，设立了本科、硕士翻译及口译专业系统培养专业人才。接受过系统的、科学的专业训练的职业口笔译译员进入语言服务市场，进一步优化了语言服务质量及资源。中国目前翻译语言服务的外部监控、监督和监管，在很大程度上依赖于翻译行业协会和研究性学术团体。中国翻译协会成立于 1982年，是由在中国范围内与翻译工作相关的机关、企事业单位、社会团体及个人自愿结成的学术性的非营利行业组织，其主要职能为制定翻译服务规范；举办翻译资格相关考试和竞赛；主办、协办或赞助相关行业协会及学术会议等。自 2003 年 11 月起，中国翻译协会制定了一系列翻译服务规范与标准，例如《翻译服务规范第 1 部分：笔译》(2003)、《翻译服务译文质量要求》(2005)、《翻译服务规范第 2 部分》(2006)。这些文件和执行规范在外部监控、监督和监管语言服务行业的飞速发展中起了举足轻重的作用，进而改善了中国的翻译语言服务环境。即便如此，我国的翻译语言服务行业还存在不少待解决的关键性问题，比如行业缺乏官方政策扶持与法律保障、缺乏从业人员职业伦理道德规范标准、学界成果向业界转换率低等。

二、景区多语需求及现状

现代旅游产业产生于 19 世纪，在 20 世纪得到了飞速的发展。进入 21世纪以来，尤其是在第二次世界大战以后，除了少数局部冲突地区，世界处于相对和平的环境中，经济稳定攀升，旅游业进入了前所未有的高速发展期，其主要表现为旅游产业的规模扩大、种类增多、模式多样化、产业细分化和规范化。据《2018—2024 年中国旅游业行业市场前景预测及投资战略研究报告》(下称《研究报告》)显示，20 世纪 60 年代以来，全球旅游经济增速高于全球经济增速，旅游业逐渐发展成为全球最大的新兴产业。20 世纪 90 年代开始，国际旅游收入在世界出口收入中所占比重达 8% 以上，超过了石油、汽车、机电等出口收入。2017 年全球旅游总人次为 118.8 亿人次，较上年增长 13.14%，为全球人口规模的 1.6 倍。全球旅游总收入达 5.3 万亿美元，较上年增长 4.3%，相当于全球 GDP 的 6.7%。这些数据均表明全球旅游业的发展繁荣向好，旅游产业正式成为全球第一大产业。

中国是世界上最大的发展中国家，尤其是始于 20 世纪 70 年代末的改革开放不但为中国的经济注入了新的活力，还激发了中外文化间的交流。外国文化产物进入中国，让越来越多的国人对异域的地域人文风貌产生好奇，加之中国经济增长带来人均收入的增加，出境游已经成为一种旅游休闲活动的新选择。同时，中国作为一个幅员辽阔、地理资源得天独厚、有着 5000 年文明发展史的东方文明起源国之一，加之和平的环境和对外开放包容的态度，吸引了大批的外国游客来华旅游。《研究报告》将中国旅游业发展以 1978 年为起点分为四个发展阶段：起步、成长、拓展、综合发展。起步阶段（1978—1991 年），中国现代旅游业从无到有，初步形成了创汇为主的经济产业特征，逐步由计划经济单一接待行业转变为市场经济多元服务行业；成长阶段（1992—1997 年），中国旅游业形成了以政府为主导的特色发展模式，国内游、出境游、入境游三大旅游市场培育推进、旅游产业快速成长；拓展阶段（1998—2008 年），中国旅游业由经济增长点向新兴产业、国民经济重要产业转型，基本形成比较完整的产业体系；综合发展阶段（2009 年至今），中国旅游业由国民经济重要产业向战略性支撑柱产业转型，中国成为世界上最大的国内旅游市场、世界四大旅游目的地国家。根据国家旅游局统计，截至 2018 年，国际旅游收入 1271 亿美元，同比增长 3%（详见图 1-2）。

2011－2018年我国国际旅游收入

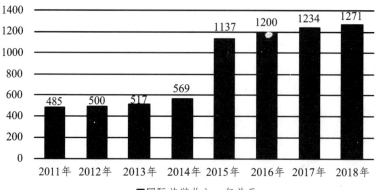

■国际旅游收入：亿美元

图 1-2　我国国际旅游收入[①]

由此可以看出，中国用短短的 40 年时间实现了从旅游短缺型国家到旅游大国的历史性跨越。在中国旅游业发展的过程中，出入境游从 90 年代开始成为旅游市场的中流砥柱。此外，中国成为外国游客旅游目的地的重要选择之一。不难看出，出入境旅游已经成为人民休闲生活的新常态。

无论是中国游客出境游还是海外游客来到中国旅游，都离不开语言服务行业的助力。在旅游活动中，语言服务的任务主要由导游来承担。在具体的活动中，可以是导游承担旅游向导和口译的双重任务，也可以由导游和一名或多名翻译各司其职，分别承担旅游向导和翻译职能。目前我国的涉外旅游语言服务方面有以下特征。

第一，语对需求呈现多样化趋势，而不仅仅限于过去的通用语英语和亚洲主要语种。在涉及跨语言文化的旅游活动中，以国界为划分标准可以分为国际游客入境游和中国游客出境游两类。在这两类旅游活动中，语对需求呈现多样化的趋势。《2019 年国民旅游消费报告》显示，2019 年中国入境游十大热门客源地分别为日本、澳大利亚、韩国、美国、加拿大、英国、泰国、菲律宾、柬埔寨和马来西亚。最受国际游客青睐的中国旅游目的城市为上海、北京、广州、深圳、成都、杭州、西安。近年来，有历史

---

① 图表来源于华经情报网《2018—2024 年中国旅游业行业市场前景预测及投资战略研究报告》。

文化地域和特色的内陆城市，如西安、成都等越来越受外国游客的欢迎。在出境游方面，根据华经情报网 2019 年 3 月发布的数据，目前出境游中港澳台游因其购物环境好、语言障碍小且出境成本低成为初次出境游客的首选，在出境游人数上占近半的比例。中国民众出国目的地相对集中，主要分布在亚洲地区，北美、欧洲占比相对较低，中东、非洲、南美洲、大洋洲更加小众。单看出境游人数来看，去泰国、日本、韩国旅游的人数合计占出境游人数的 35%。但近年来小众目的地的吸引力也不可小觑。《2019 年国民旅游消费报告》指出，在中国游客出境游方面，有越来越多的游客选择小众目的地：2019 年赴塞尔维亚、乌斯别克斯坦、格鲁吉亚、白俄罗斯等冷门目的地的订单量同比增长超过 100%。在这些旅游路线中，导游口译的工作语对除了常规的中英、中日、中韩、中法、中德等通用语对以外，小语种导游口译人才的需求呈现上升的趋势。

第二，语言服务的提供能力呈现地区差异，一些旅游热门城市及沿海地区的语言服务提供能力强于内陆城市及非传统旅游城市。景区的语言服务提供能力包括语言服务者人数、专业素养能力、规范化程度及科技辅助工具四个方面。广东省是我国的旅游大省，2017 年广东省全年旅游总收入为 11 993 亿元，占全国份额五分之一以上。政府对于旅游业的支持力度较大，已经连续多年举办广东国际旅游产业博览会。在此背景下，在广东省从事旅游业语言服务的就业人数与其他省市相比较多。旅游业语言服务的科技辅助方面，在近十年来中国也有了突飞猛进的变化，许多旅游热门城市的景点都提供机器导游租赁服务。随着微信的普及，有部分地区景点已经可以实现微信扫码听取景点介绍。2018 年 8 月，广东首个会说话的全域旅游智慧语音导览系统及手绘地图正式上线，为全省 30 多个主要旅游景区、乡村旅游点提供点位语音讲解。但总体来说，除了少数旅游热门城市和景区，大多数中国的景区在语言服务资源分配和技术支持上稍显落后，呈现资源分布不平衡的状态。

第三，语言服务需求的内容范围扩大，单次服务对象人数小规模化，并且由传统的"你说我听"的单方向为主的语言服务转向为游客个性定制化的交互式语言服务。过去传统模式的旅游业语言服务多为导游解说，也就是导游将游客带至景点处，统一讲解景点相关信息知识。在过去，通常一名导游在单次游览中带领团组人数少则二十来位，多则四五十位。由于人数众多，考虑到受众的平均接受水平，导游在景点处的讲解也较为笼统，几乎无法留出多余的时间来进行一对一的交流或者释疑。现在的团组旅游实现了可定制化，一名导游或者景区讲解员可以提供一对一的服务及小团组的服务，语言服务者在单次游览中的收费相差并不大。因此，游客也倾向以小团组的形式进行游览。西安兵马俑博物馆景区在入口处提供人工解说服务。游客在购票进园后可以自由组团并购买解说服务，5 人以下团组、5 ~ 10 人团组和 10 人以上团组导游服务的总价有所区别，但团组人均费用相差并不太大，因此不少游客倾向选择小团组的形式接受解说服务。在语言服务接受方团组人数较少时，解说员能够更好地结合团组游客的背景，预估其理解接受能力，选择相应的解说方案。游客在游览途中也不是完全的被动接受式的聆听者，而可以适时提出自己的疑问，和解说员形成交互式的旅游语言服务模式。

三、景区外语类语言服务类别、特点及从业人员

无论是国际游客入境游还是中国游客出境游，除了能够使用外语进行沟通的自由行散客以外，旅游团组多会为游客提供外语类语言服务。近年来，为个人、家庭和小规模散客团组个性化定制的高端私人旅游也日渐流行。这类个人或者散客团组个性化旅游服务也会相应地定制外语类语言服务。在国际旅客入境游和中国旅客出境游中，外语类语言服务有些许的不同。总体来说，景区外语类语言服务提供者大体有以下这几类：旅行社导游本人、旅行社或者导游合作的旅游翻译、外方聘请的随团翻译、景区提供的电子语音解说。

目前在国内大多数收费类的景区入口处，基本都有免费或者付费导游讲解服务，但只有少数地方配有外语类导游或者讲解员，个别景区配备可租赁的耳挂式讲解器，或者游客使用手机扫描景区指示牌上的二维码可以听到语音讲解。讲解语言有英语、韩语、日语、西班牙语、法语、德语等

多种语言可以选择。这类电子语音导游多是单向信息输入，交互性能较差，无法提供回答游客问题等互动式旅游体验。在配备外语类导游讲解员的景区，也多是提供英语、韩语和日语等我国入境游人数名列前茅的国家所使用的语种导游讲解服务，少有其他语种的导游讲解。因此，当国际游客来中国旅游时，尤其是组团旅游时，旅行社或者导游多定制安排适配语对的口译员随团翻译。

有学者指出，旅游业的市场化行为导致片面追求眼前利益，不愿为旅游翻译人才的中长期发展买单，阻碍了旅游翻译人才的培养，导致旅游翻译人才发展面临尴尬的局面。（白洋，李亮，2013：124）旅游翻译人才在解说的时候，经常面临中国古汉语语篇或极具中国民族特色的特殊中文表达，这对于翻译工作来说是不小的挑战，很多时候并不能在旅游景区即兴发挥翻译并让游客满意，需要提前做大量的前期工作。导游口译员很多时候事先笔译完成景点的解说词，然后在现场背诵事先翻译的目标语解说词，或者根据文稿做视译。国际游客来自不同国家和地区，面对同一处景点解说词有着不同的视角，加之国际游客好奇心重和爱提问，因此游客们根据导游讲解或者口译员的翻译进一步询问更为细节和深层次的问题的情况屡屡发生。在这种情况下，导游口译员还需要临场应对新的文化语境和文本。也就是说，景区的导游口译工作不仅要求口译员对介绍的景点特色了如指掌，还需理解国际游客的视角和关切点并做出快速地回应。这些都需要长期的不断学习和提升，而现在中国的旅游产业处于增速增量的快速发展阶段，在"旅游创收"这一概念的刺激下，对旅游活动中语言服务的质的关注很多时候都让位于旅游活动创造利润模式——快销，也就是在短时间内完成更多的旅游订单为基本发展概念。因此，很多旅行社服务将外包给导游，让导游为整个旅游团组规划行程具体内容，让导游自负盈亏。因此，许多从未接受过系统训练，但本人还能说一些外语的导游，就充当旅行活动中外语解说加翻译的角色。导游本人不懂外语的，往往临时通过旅行社或者个人关系临时招聘说目标语的双语人士。这种情况下，外语解说的质量无法得到保证，也不利于外语解说或者导游口译员成为一个长期的、稳定的职业。

外语类语言服务的规范化管理和人才专业化培养目前面临的问题可以大体分为以下三大类。

第一，外语类导游以及导游口译专业化程度低，多由会英语的导游身兼两职，语言服务质量无法得到保证。许多带领外国旅游团组的导游外语水平无法达到有效讲解的程度。有部分导游在带外国旅游团组时，其主要功能仅限于带路——将外国游客带领到固定景点让外国游客阅读景点介绍牌上的外文介绍、指引外国游客上下车和去洗手间、带领外国游客购买商品。还有一部分导游的外文水平稍好，可以对景点做简单的外文（多为英文）讲解，但对于文化景区的讲解常常较为粗略，往往一句带过或者以一些逸闻趣事，甚至是道听途说但符合外国人对中国固有形象认知的小故事取代正统的讲解。这不但不利于中国文化的准确传播，甚至会造成文化误解。有一些稍负责任的旅行社或者导游会与口译员合作，旅游活动中的语言服务由导游和口译员共同完成。但由于成本控制等原因，这一类的陪同口译员多是"临危受命"，多为兼职的外语类专业的学生，对景区内容的准备也大多不充分。另外，这类旅游陪同口译员流动性大，加剧了语言服务质量打折扣的程度。另一种情况是外国团组自带的团组翻译和旅行社的导游配合完成旅游活动中的语言服务部分。大多数情况下，外方的随团口译员基本语言沟通能力不成问题，但由于对旅游景点不熟悉，加上第一次和导游合作，也对口译质量有所影响。

第二，市场缺少相应的部门或者行业协会监管，外语类导游入行门槛低、流动性大。大多数旅行社在接到国际旅行团组以后，首先考虑的是是否有合适语对的导游来带团。中国的外语导游大部分外语语对为中英，有少数的中日、中韩语对外语导游。但是，外语导游数量相对较少，且有一部分具有领队证的外语导游长期从事国际线路旅游团组服务，也就是担任出境游的国际游领队，这就导致能在国内接待国际游客的有资格认证的外语导游更为稀缺。因此当国际旅行团组是来自非英语、日语、韩语等国家和地区时，旅行社或者导游个人多会征求旅行团组意见看能否使用通用语——英语作为导游解说语言。大多数情况，外方旅行团组考虑到中国的情况和自身英语水平同意使用英语导游。但在此种情况下，无论是对于外语导游，还是国际旅行团来说，英语都是第二语言，因此在旅游景点外语导游和外国旅客"鸡同鸭讲"的情况屡有发生。在少数情况下，外方旅行团组大多数人不能够使用英语沟通时，会要求旅行社或者导游配备一位说自己母语的口译员，比如法语、西班牙语、瑞典语、意大利语等。这类小语种外语导游非常罕见，于是通常情况下旅行社不得不临时招募对应小语种口译员。无论是让外方团组使用英语外语导游还是临时招募译员，大多数旅行社都疲于应付，安排外语导游的过程缺乏相应行业协会的监管，因此旅游活动中的有效沟通无法保证。当然，也不能一律将此结果归责于旅行社或者外语导游，中国的旅游市场缺乏相应的人才储备和供应链机制也值得我们反思。另外，虽然中国目前已经推出了外语导游考试来积极应对解决此类问题，但外语导游的考试门槛和考试内容都过于宽松。目前我国外语导游报名条件为：（1）中华人民共和国公民；（2）具有高级中学、中等专业学校或者以上学历；（3）身体健康；（4）具有适应导游需要的基本知识和语言表达。考取外语导游资格证的报名条件与中文导游一致，并不需要提供专业的外语证书。简单来说，学历在高中或者同等学历以上的人员均可以报考，并没有额外的外语类证书（如英语四六级、日语 N1-N4 级别等）门槛条件。普通高中的毕业生和除了旅游类高职院校相关专业以外的其他职业院校的学生在外语词汇量、语法规范性、遣词造句、修辞方面都远远达不到应对专业类文本（如文化旅游景区中诗词、对联等）翻译的要求。另外，在考试形式上，外语导游考试分为笔试和口试两个部分。英文口试中导游词讲解约 15 分钟（其中涉及外语和中文的互译），现场提问导游业务规范及应急问题处理 15 分钟。外语导游考试的形式、内容和通过的标准都较为科学。但是由于各省市旅游景点固定，因此口试的导游词讲解和翻译部分有较大的题海战术、背诵准备的空间。通过外语导游资格证书的考试和胜任实际旅游活动中的外语导游工作仍有不小的差距。

第三，导游类口译人员薪资不稳定，导游口译的职业归属感较低，以至于无法使导游口译成为一份长期稳定的职业。虽然现在有不少的大学有旅游文化学院或者专门的涉外旅游专业，培养的学生中大多数都有外文导游证（多是英文导游），但是长期专职做导游的毕业生却数量有限。究其原因在于目前导游市场组织较为松散，灵活度高。笔者对四川某重点高校旅游文化专业分管就业学生工作的老师进行了采访，该老师提到现在大文科就业方面专业边界要求不高，许多就读旅游文化专业的学生毕业去向也比较多样化，只有不到10%的同学是直接和旅行社签约成为旅行社的专职导游，还有个别同学成为自聘的导游，其中外文导游的比例更低。其他同学"找什么样的工作的都有：销售、考公务员、各类培训机构教师、公司文职，等等"。有不少从事导游行业的毕业生同学反映，接待涉外旅行团组再加上补助，收益一般会好过国内旅行团，但是目前带涉外团或者地接国际旅行团面临的价格竞争压力很大。同时，在旅游活动中面临的压力也相对较大，往往担心团组成员出安全事故，还常常面临不正规的同行恶性竞争。总体来说，导游这个行业收入不稳定，淡旺季差别很明显。在成都某旅行社从事导游工作将近11年的李女士告诉笔者："自从有了二孩以后，出国际团的机会时候就少了很多，工作还是以在本地带团为主。当然，带国外团收益好些，但总是绷着根神经。况且现在很多外国人是中国通，宁愿自己逛或者到了景区门口临时花钱请个兼职大学生做讲解的也很多，不一定会提前订外文导游。我平时还是什么团都带，不挑客。导游这个行业就是这样的，积累人脉，脑子要活。收入嘛，'涝的涝死，旱的旱死'。"当问到以后的职业规划时，李女士说："以后能开一家旅行社最好，毕竟自己有一手的经验，也相当清楚行业的门道。当然，也不排除转行做别的，做旅行社或者导游比较辛苦，有时收入还得不到保证。很多跟自己一起入行的同事许多都转行了。"国内某知名门户网站的旅游栏目版块下一篇有关导游收入的文章显示，导游的收入大体由三部分组成：月基本工资、带团补贴或者导游服务费、导游回扣及消费。不同类型的导游收入构成不同。第一类是拥有导游证的旅行社成员（不属于全职导游，偶尔带团并在淡季在旅行社坐班），其收入为社保、底薪、业务提成、导服费和带团佣金。第二类是专职导游，其收入为导游服务费（没有或者很少）、佣金（较多）。除了导游的职责以外，专职导游在旅游活动中的导购角色为其带来不少的收入。第三类是兼职导游，旺季及周末带团，其收入构成为导游服务费和带团佣金（极少）。另一点需要注意的是，大多数旅行社是不给导游缴纳社会保险的，需要导游自己缴纳。由此看出，导游行业的薪资不稳定、市场竞争缺乏有效监督、保护和管理，加之涉外导游的工作常面临较大的压力且出差时间长，因此导游口译及外文导游很难成为一份长期稳定的职业。

综上所述，目前我国旅游业中的语言服务行业正蓬勃发展。科技的进步尤其是人工智能的快速崛起，为语言服务的多样化提供了更多的选择。但目前外文导游服务中还存在不少问题，相关部门下一步的工作重点建议放在人才储备与考核、行业竞争和服务规范化、监管细化、导游职业路径制定与保障方面。在人才储备和考核方面，景区导游口译服务提供者应具备以下六个方面的素质：高水平双语或多语能力、深厚的旅游文化背景知识、奉献的服务意识、灵活的领导能力、良好的沟通技巧以及得体的非语言行为。外文导游资格证书的考试内容需更加灵活，以防止考生死记硬背、寻找过关捷径，需要更能体现考生的真实水平。在行业竞争和服务规范化方面，应加大市场监管的力度，防止不规范的市场运作，避免恶性价格竞争和"黑导游"以次充好的现象。在导游职业路径制定与保障方面，需要给从业人员相应的社会保障，如五险一金等，加强就业培训和职业发展再培训，为从业人员指明职业发展的方向和前景。

第二节　导游口译

导游在旅游活动中扮演着信息阐释者和传递者的角色。旅游活动得以顺利开展在很大程度上离不开导游人员尽职尽责的工作。在涉外的旅游活动中，由于涉及语言的转换，导游的工作可能由一名双语人员承担，既承担传统意义上的导游工作，即用能被游客普遍接受的语言对景区景点进行阐释，也承担协助旅客和当地人交流的口译工作；导游的工作也有可能由两人以上的工作人员共同承担，一人负责以其日常工作中通用的语言对景区景点进行阐释，另外的工作人员使用能够被游客接受的语言翻译讲解员的介绍，如参观中解说员用一种语言解说，多名口译员使用不同的语言向各自的客户翻译解说员的讲解词。但两种模式是否都能够被视作导游口译，学界目前还尚无定论。本节将梳理导游口译的定义，阐释其特点；分析导游口译译员在旅游活动中的角色；重新定义导游口译中的"忠实"原则并举例说明。

一、导游口译的定义与特点

在旅游活动中，导游是很常见的，无论是传统意义上的受聘于旅游者或者旅游景区的导游，还是近年来随着科技的发展出现的可穿戴式电子导游、景区全息投影解说者，学界对导游的角色有较为清晰的认识。但是在双语环境中，说某种语言的游客来到说另一种语言的国家或者地区参加的旅游活动中，导游口译的定义却有较大的争议。最为常见的问题是：导游口译真的存在吗？能说两种及两种语言以上并且在旅游活动中帮助旅游活动顺利开展的导游是否也是导游口译？通常情况下，翻译学界认为翻译活动需要涉及文字的转换过程，无论是语内转换、语际转换，还是符际转换。然而在旅游过程中，一名导游懂得当地语言和游客使用的语言，但他并没有将一个固定的旅游景区的有关文本从一种语言口头翻译到另一种语言，那么他就不是一名译员，而是一名懂得两种语言的景区解说员。他的工作也不具有口译的性质，而是仅仅使用另一种语言介绍，因为此语言服务活动中并没有涉及语言的转换。除此之外，还有学者质疑导游口译相关文本的可准备性。有些文本甚至完全来自他人的翻译，导游口译本身仅仅是"照本宣读"而已。并没有涉及来自导游口译自己发起的语言转换活动，因此并不能算作口译。有学者将导游口译分为三大类，即途中导游、现场导游、观光购物期间为游客提供的随行导游，并认为途中导游和现场导游都会对导游词有所准备，故大多研究口译的专家学者都将导游口译排除在口译范围以外或者将其地位边缘化，将导游口译与背诵导游词画上了等号（刘科，巫宏梅，2009：108）。所谓的"背诵导游词"造成的导游口译被排除于口译活动或者翻译活动之外，追根究底是译员对译作的所有权问题。也就是说，在背诵导游词时，译员对于译出语文本没有完全所有权，译出的文本并非完全是译员现场的、发挥主观能动性后的成果。这在景区导游口译员中并不少见，旅游活动中涉及诗歌、对联、牌匾等文学作品时，导游往往在译前准备中通过查询其他译者的译作直接引用，或者在其他译作上稍作修改形成导游词中文学作品的翻译。简而言之，鉴于上述理由——原文本的缺失、文本的可准备性（甚至是现成的译文），学界对于导游口译是否能被纳入口译的范畴尚有争议，而争议的缘由是导游口译的定义模糊及其独有的特征。因此，厘清导游口译的定义并清晰阐释其特征及特征对于导游口译活动的影响是十分必要且迫切的。

导游口译的中心词为"口译"，"导游"是"口译"的限定词。口译是指"对口语文本的口头翻译"（Daniel Gile，2001：40）。从广义来说，口译还包括视译（即对书面文本的口头翻译）和手语翻译。"导游口译"这一术语中的"口译"一词为名词而不是动词，指代口译行为或者口译活动。"导游"一词也指导游活动。因此本节讨论的导游口译为在导游活动中发生的口译行为或者口译活动，它既包括在旅游活动中对口头文本的翻译，也包括视译，如对景区景点中的书面文本的视译，以及手语翻译。由于旅游活动通常是具有文化传递的目的，同时也有娱乐活动的属性，因此导游口译的文本具有以下特征。

第一，导游口译文本的内容具有随意性、随机性，这对于口译员的应变能力有较高的要求。在旅游活动中，导游口译译员服务的对象主要是游客，而和游客产生互动的人员相对较多。游客可以就在旅游途中发生的任何事向导游和导游口译询问或者求助，因此导游口译译员需要在旅游活动中时刻保持待命的状态，口译活动可以随时开始。口译的主题可以是任何话题，口译行为也可以以任何形式开展，这是所谓的随意性。在笔者的采访中，有不少口译员都认为陪同导游"口译任务最累"。有一名译员特别提及一次陪同参观成都某家机械制造厂的口译活动，他作为外方聘请的翻译来到厂区。在该次导游口译活动中，他不但需要翻译中方工程师们对厂区内生产线的介绍，还需要协助外方多名不同专业背景的工程师回答针对同一零件生产流程的许多问题，外方专家在观看生产线时处在不同的位置，该口译员常常跑前跑后地为多组专家口译对话。

口译内容随机性是指在相同的一处景区景点、在相同或者相似的旅游文化活动环节，由于外界因素的影响或者游客的反馈，口译活动的话题展开可能不同、口译发生的形式可能不同、口译员的任务也可能不同。2007年，在成都非物质文化遗产节活动期间，主办方向参会的外国宾客（主要为各驻华大使馆、领事馆及其文化处的来宾和来自外国一些文化领域的研究人员和艺术家）推荐游览成都市内著名景点——锦里。当时有60多名外国宾客在旅行社的安排下，分上午和下午两批次游览锦里。笔者作为接洽的口译员负责为当天在锦里参观的外国宾客提供口译服务。在当天的文化游览活动中，旅行社安排的一个环节为在一个茶馆观看川剧变脸表演和茶艺。由于下午在锦里参观的其他游客人数众多，在表演临开始前，表演场地中已经入座了部分其他游客，到场的外国宾客无法全部入座，因此下午的外国宾客分为两批入场观看表演，也就是说笔者作为口译员，在当天上午和下午总共参与了三场变脸和茶艺表演的陪同口译活动。在这三场导游陪同口译活动中，虽然文化活动的内容相同，但口译员的作用和翻译的内容却大相径庭。在上午的表演中，外国宾客的热情很高，由于人数较少，外国宾客入座后表演并未立即开始，此时有外国友人向茶馆的服务员询问表演的相关信息，口译员为其翻译。在接下来的斟茶环节，口译员也翻译了主持人的串词。由于此次表演的观众大部分是外国嘉宾，仅有两位是其他参观的中国游客。因此主持人也等待口译员翻译完自己的话以后再开始新一轮的主持词。口译员与主持人的话交替较为连续且衔接恰当、翻译内容完整。在下午的两场表演中，由于每一场都有将近一半的观众是其他中国游客，因此主持人并未在斟茶环节留时间给口译员翻译，口译员只能通过手势和低声总结性地翻译主持人讲话的关键性信息，且口译员与主持人的讲话是重叠的，基本上是主持人讲完三到四个句子，口译员快速地以一到两个译入语句子总结主持人的大意。在口译员总结性翻译时，主持人已经开始了新的信息传递，并未等口译员完成翻译。

第二，导游口译文本涵盖话题广且文化承载词句出现频繁，这考验口译员的知识面、专业知识深度以及跨文化意识。景区景点是导游口译活动发生最为常见的地点，除了自然风光，在景区景点发生的口译活动的主题包括民俗民风、文学作品、历史等，而这些与人文相关的口译主题往往是对外来游客而言文化差异最大之处，也是认知最为困难之处。西方许多名人故居旅游景点会配有该景点的解说员，该解说员通常使用当地官方语言。有的景区景点为了使游客体验当时的社会历史环境，还会采取角色扮演的形式，或者使用该景点对应的历史时期所使用的语言。如果外国游客想和使用或者懂得该语言的游客获得同样的旅游体验，则必须依靠导游口译译员的帮助。这类口译活动往往对译员专业背景知识的深度和广度都有着较高的要求。在位于美国伊利诺伊州名为 Spring Field 的小镇，坐落着美国第一任总统亚伯罕·林肯的故居，此处景点为美国国家公园，游客可以自行参观，也可以跟随景区的导游在其带领下边听讲解边参观。景区导游说英文，在导游讲解词中有大量有关当时美国政治选举体制和历史事件的信息。位于美国路易斯安那州的橡树庄园（Oak Alley Plantation）是电影《飘》的取景地，现已开发成为开放式收费旅游景点。游客的游览体验是由解说员的解说、再现表演（reenactment）、演员的互动以及参观游览共同组成的。解说员和再现表演的演员使用故事发生时带有美国南方口音和充斥着美国南方常用词汇的语言，且演员会在固定的时间再现电影中的部分情节。这两个景点接待外国游客时，景点解说员和口译员合作配合以交替传译的方式，共同为游客的文化参观活动服务。非英语国家的游客在游览这两处景点时，如果想获得与美国当地游客相似的旅游体验，导游口译译员必不可少。这两处景点口译完成的质量很大程度上取决于口译员是否具备美国政治、历史、文学、电影、口音与词汇等背景知识和相关专业素养。但遗憾的是，笔者 2016 年参观这两处景点所见到的三个中国旅游团（包括笔者参加的旅游团）都未能提供质量较好的口译服务。有一个中国旅游团配备的服务人员仅一人，该服务人员既是全团的司机，也是导游，同时还提供口译服务。笔者参加的旅游团导游在林肯故居的口译出现了大量的错译、漏译和"无中生有"的增补。在参观橡树庄园时，笔者所在旅游团导游全程几乎无法听懂解说员的解说词。笔者在此景点偶遇的另外两个中国旅游团中一个团没有口译员，另外一个团的口译员和笔者所在团口译员出现的问题一样。

第三，导游口译译员有高度的主体性，可以发挥较大的主观能动性，这对口译员的交流沟通技巧有较高的要求。导游口译员的主体性主要分为主体意识和主体能动性两个方面。与正式的会议口译相比，口译员受到的形式拘束较少：译员的肢体语言较为随意但须囊括服务性肢体语言，如"请"的手势、指向某处时多摊开手掌五指并排指示而非用食指指示等。与外交口译相比，译员对于文本的操控空间更大，可以反复解释、阐释，甚至通过比喻、类比等增加口语文本等方式帮助游客理解。

第四，导游口译活动中的副语言、超语言在翻译活动中起重要的作用。同会议口译相比，导游口译译员与文化交流活动参与方的互动性更强，并且交流不一定是通过有声语言来传递的。在会议口译中，尤其是在同声传译工作模式下，同传译员的坐席一般设立在会场靠后的单独同传隔间里，以便同传译员较为清晰地观察会场的整体概貌和现场状况。同传译员与参会各方的交流几乎是单向的，而且所有的意义都通过声音传达。交传会议译员即使能够与参会各方坐得较近，但在正式的会见中也往往坐在讲话人身后，意义的生成也基本都依靠发声语言。但导游口译的工作模式不同于会议口译：一方面，导游口译译员的站位较为随意，旅游文化活动的各参与方通常能够便捷地看到译员；另一方面，由于交流过程中，导游口译的主体性更强，因此对交流活动话语文本的构建贡献更大。也就是说，导游口译译员除了通过有声语言生成意义，其语音、语调等副语言和肢体动作和表情等超语言因素能更多地构建旅游文化活动中的文本。意义的生成不再仅仅依靠有声语言，还辅以导游口译译员副语言和超语言部分所带来的视觉辅助。例如，导游口译译员在翻译某景点介绍时，可用手势引导游客的视线，以便游客更为准确地理解话语的含义。

二、导游口译译员角色

长期以来，口译人员都被认为是交流活动中各方的传声筒，是依附于他人的存在。纵观中西方的口译史，大部分学者都认为译员地位低下、要求译员以"隐身"为代价对讲话者的语义忠实。有学者总结，对于译员的比喻有"学舌的鹦鹉""管道（conduit）""回音器（echo machine）""传声筒（microphone）""语音箱（voice box）""语言调制调解器（language modem）""语言转换器（language converter）""喉舌（mouthpiece）""双语幽灵（bilingual ghost）"等（任文，2010：69）。所有有关译员的比喻体现了人们对于译员的认识、要求及期待。换言之，希望译员在交流活动中隐形。然而在实际的口译活动中，无论是从物理存在来说，还是从其在交流中所呈现的功能来看，译员是无法隐形的，译员是交流得以进行的诱导剂、润滑剂和催化剂。译员是口译活动的主体，同时也是在场因语言优势掌握信息最为全面的人，可以敏锐地发现交流各方的关注点，因此能在翻译中引导各方就彼此的关注点展开讨论。译员也可以及时察觉各方在交流中的冲突，起到一定的缓和作用，保持交流活动的持续进行。此外，译员还可以在明确允许的情况下，应各方的要求起一定的阐释作用，加速交流活动的进程。

因此译员在交流活动中的角色不是传统隐喻中所明示的传递信息的机器，而是能对交流活动的成败起不小影响的重要存在。译员发挥其主体性的工具为语言，但其角色却远远不只是"语言专家"。

旅游是强交互性的文化体验，因此组织旅游活动的工作具有相当的复杂性，无论是跟团游还是邀请私人导游随同的自助游都是如此。在语言不通的情况下，导游口译员所做的工作远远不是语言转化这一项。有学者曾经幽默的概述过旅游翻译对导游身份的要求："你最好既有（当英语导游）'英镑'旅游（inbound tour）经历，还有（当国际领队的）'澳镑'旅游（outbound tour）机会；你或作为一名经理在 office hours 跟国泰航空公司砍价，争取旅行社代理商 1/4 票价，或作为一名涉外旅行社的市场营销代表跟同行趣谈"（陈刚，2004：1）。虽然这位学者谈论的是导游在旅游活动中所承担的工作，但是由于导游和旅游活动中的口译常常由一人充当，因此无论是导游本身的自我认识，还是游客对于导游的期待，都使得导游这一身份和口译员这一身份在旅游活动中的界限比较模糊。

前一小节已经明确了导游口译活动的特点，即文本内容随意且随机、文本话题涵盖范围广且文化承载词出现频繁、交流属性强、副语言和超语言文本较多。导游口译在旅游活动中扮演的角色远远不止"语言专家"。他们在旅游活动中的角色是由旅游行程中的具体活动的目的来决定的。可按旅游活动中的内容和目的将其角色分为：文化交际引导员、文化交际阐释者、文化交际协调者三类。

1. 文化交际引导员

导游口译员作为文化交际引导员，在一定程度上把控着旅游活动的进程、路线、旅游活动项目是否对旅客展开、如何展开等。游客对旅游景区景点通常比较陌生，加之语言不通，与周遭的当地人存在语言障碍，因此需要引导。如果导游本身就是此次游览的口译，基于游客的情况，会量体裁衣地制定旅游的路线及旅游活动的项目；如果导游和口译员各司其职，口译员基于语言优势和文化背景优势，对游客的需求和禁忌更加了解，因此也时常向导游做出针对景区景点游览路线和活动项目的建议。在下面的案例中，导游口译员发挥了文化交际引导员的作用，把控旅游参观活动的节奏，并引导交流双方的路线。

四川大学历史文化学院及藏学研究所与美国建立合作关系之初，阿肯萨斯州立大学于 2009 年派出一支四人的代表团来四川大学考察并洽谈合作项目。在合作洽谈结束后，作为文化考察的一部分，四川大学安排阿肯萨斯州立大学代表团到四川大学博物馆进行一个小时的参观，并要求陪同口译员（也是项目合作洽谈的口译员）在午饭前将阿肯萨斯州立大学代表团带至宴请地点。四川大学博物馆是中国西南地区建立最早的博物馆之一，积累了十分丰富的藏品，共有文物八万五千余件，包含石刻、书画、陶瓷、青铜器、古钱币、古印章、刺绣、漆器、拓片等几十个门类。陪同口译员将阿肯萨斯州立大学代表团引进馆内，并寻找解说员。由于当时馆内并没有英文解说志愿者，博物馆一名经验丰富的中文解说员担任了此次参观的解说工作。口译员在参观开始前向中文解说员说明该代表团来自美国一所大学，其成员几乎都是研究美国民俗、民族文化的教授及研究员，可能对中国西南对应的少数民族民俗文化较为感兴趣，并且在参观后将赴正式午宴，因此仅有一小时的时间参观。此时译员的主体性主要体现在其文化交际引导员的角色中，她告知了解说员其服务对象的基本背景、行程时间及参观的兴趣所在。通过传递这些信息，译员希望解说员能够有针对地制定参观解说方案及把控时间。

此后，解说员在入口处开始介绍四川大学博物馆的历史及基本情况。由于解说员是馆内较为资深的解说员，基于对博物馆的了解和热爱，根据以往的解说经验和流程，解说员开始了较为详细的介绍。口译员在逐句翻译解说员的介绍时，发现解说员介绍到专门陈列西南地区少数民族生活用品、服饰及婚嫁用品的展厅时，两位代表团成员扬眉并对彼此说 "that's interesting"。在一轮讲解结束后，译员向代表团成员求证是否对少数民族民俗文化展厅的内容更感兴趣。得到了代表团肯定的回答以后，解说员介绍博物馆的历史和其在博物陈列史中的地位时，口译员小声提示解说员代表团成员对民族陈列厅十分感兴趣，并建议是否可以少讲一些基本介绍并缩短在一楼陈列品的参观时间，多花一些时间在代表团更为关注的民俗民风展览区。该译员的建议得到了解说员的认可。解说员在解说一楼的展厅时，有选择地挑选了重要陈列品进行了较为简单的解说，随后将外宾直接带进西南地区民俗民风文化展示区。在此区域的展品介绍中，解说员在了解了外宾的需求后更为细致详尽地介绍了展品，并引申了不少西南地区少数民族生活中的习俗文化，并佐以故事、传说等更具趣味性的解说。解说员由于了解外宾的兴趣，时常向外宾提问互动，参观交流活动在愉快的氛围中顺利进行。

在这个环节，译员借助语言优势，了解并求证了代表团的参观兴趣，及时将这一信息传递给解说员并建议修改固定的参观路线和解说重点。在代表团和解说员处于"双盲"状态（即代表团不知道解说员的安排；解说员也不了解代表团的兴趣）且参观时间限制严格的情况下，对整个参观的行程、内容都起到了主导性的作用，引导了旅游活动的内容项目的开展。在参观结束时，代表团非常满意解说员的解说，与解说员合照并赠送了礼物，解说员也对代表团的配合表达了感谢。在此次参观中，译员不仅仅是解说员口语文本的语言转化及传递者，更发挥了文化交际引导者的作用，正是译员主动发挥了其主体性才使得此次活动圆满顺利开展。

2. 文化交际阐释者

涉外旅游活动的目的之一是让外国游客感受并理解当地景区景点的人文气息与文化。语言的不同只是表征，也是交际活动中最表面的困难。语言是文化的承载，导游口译译员不仅需要转换语言，还需要考虑外国游客的文化认知，通过口译活动的开展使其认识并理解当地的文化。因此导游口译译员是文化交际的阐释者。以下案例从文本语言异质性、文化异质性和交际习惯异质性三个方面，分析导游口译译员在涉外旅游活动中文化交际阐释者的角色。

对联是中国名人故居类景点的一大特色。在成都，最出名的名人故居为诗人杜甫的故居杜甫草堂。在杜甫草堂博物馆园区内有多对位于门框边的对联，这些对联多是后代文人墨客对诗人杜甫的评价，彰显了杜甫作为诗人在中国文学史上的地位。对于普通外国游客来说，杜甫的名字较为陌生，对其生平、著作和其在文学史上的地位大多也不太了解。因此，杜甫草堂游的一大目的是通过参观杜甫曾经生活过的地方，帮助外国游客了解杜甫其人和其几首著名诗歌中的句子。门框边的对联或诗句是很好的切入点，也是许多导游词中必不可少的内容。在杜甫草堂大廨东西两壁上悬挂着清代学者顾复初的名句。上联为：异代不同时，问如此江山，龙蟠虎卧几诗客；下联为：先生亦流寓，有长留天地，月白风清一草堂。导游通过顾复初的名句来开启杜甫的爱国情怀和报国不得的故事。以下为导游、口译员和外国游客的对话转写，分别以 G（guide）、I（interpreter）、T（tourist）来标记。

G：现在我们所在的地方为大廨。廨是古代官吏办公的地方。杜甫曾经做过左拾遗和检校工部外郎。所以呢，后来把这里命名为大廨，纪念杜甫作为官员对当时政治的贡献。

I：（对导游）左什么？

G：左拾遗。

I：是什么样的官呢？

G：谏官。给皇帝建言献策的。

I：（对导游）哦，还有个是什么呢？

G：检校工部外郎。简单来说就是工部的巡视员吧。

I：（对导游）好的。（对游客）Where we stand in is called Xie, which is the officials' workplace in ancient China. Du Fu used to be an official. He used to be an advisor of the emperor and an inspector for…um… for a government body or organization. (1) So later people name this hall Xie as a way to memorize Du Fu's contribution to politics back then.

T：So Du Fu actually worked here? Is this hall a renovation project?

I：这个外国朋友想知道，杜甫以前真的在这里办公过吗？这里是原址翻修后的成果吗？

G：啊！不是的！这个是后来建的，是在清朝嘉庆年间重修草堂的时候建的。只是为了纪念杜甫曾经做过官，从过政，不仅仅是个诗人。

I：No. This is not Du Fu's original workplace, and it is not a renovation project. This hall is constructed in the Qing Dynasty just to memorize…no… just as a reminder that Du Fu was not only a poet but also a government official.

T：Ah…

G：（对译员）好了吗？

I：可以了。

G：大家可以看到这位消瘦的雕塑就是杜甫本人了。这尊雕塑是中国著名的雕塑家钱绍武先生的作品。他塑造的杜甫形象很贴切历史记载的杜甫。大家可以看到这位诗人身材消瘦，面色凝重，眉头紧蹙，目视远方，忧国忧民的情怀被表现得淋漓尽致。

I：The thin-figured statue is the poet Du Fu. This sculpture is a piece of art work by a famous Chinese sculptor Qian Shaowu. The statue is very much close to the image of Du Fu portrayed in history. As you can see (pointing to the statue), the poet has a thin and a little weak body with a serious look on his face, eyebrows locked, staring into afar, which shows his patriotic spirit of caring about his country and people.

T：Why is he kneeing on the ground?

I：外国朋友问他怎么跪着啊？

G：哦，这在古代其实是一种坐姿。再一个就是雕塑表现的是杜甫坐在船上。

I：It is actually a sitting posture. The statue represents Du Fu sitting in a boat.

T：Right, probably back then there was no chair and people sit on the ground.

I：（对外宾）Do you want me to ask her about whether chairs were invented or not?

T：No. No. That's OK.

I：（对导游）他知道了，您继续讲吧。

G：大家看看，这边呢，有一副很有名的对联。是后来一位跟杜甫有着同样仕途命运的文人所作。这个人叫顾复初。上联为：异代不同时，问如此江山，龙蟠虎卧几诗客；下联为：先生亦流寓，有长留天地，月白风清一草堂。也就是感叹，他和杜甫所处时代不同，但是命运一样。

I：Here you see? （指着对联）It's the very famous couplets. It is written by a writer and official in the later dynasty who shared a similar political life with Du Fu. His name is Gu Fuchu. The left roll reads: Though the times are different, but how many poets are hidden in the backdrop of the times among the beautiful mountains and rivers. The right roll reads: Even a great man like yourself do not have a fixed residence, though...hum...there are so many places in the world. You choose the thatched cottage where you enjoy the bright moon and gentle breeze. （对外宾）Since you know couplets are a form of literature style, I just interpreted what the couplets mean, but the beauty of the form, the rhythm is not presented to you. （2）

T：OK. Good to know.

G：写这副对联的顾复初是清代的一位官员，他性格傲气，也仕途坎坷。这副对联是顾复初有感而发，借题而书，在文学史上有很高的价值。而且论书法艺术性，这副对联也颇有来头。

I：Gu Fuchu who wrote this pair of couplets is an official in Qing dynasty. He is proud and does not like to associate with the officials in his dynasty, so he also has an unsmooth political career like Du Fu. This pair of couplets reflects Gu's thoughts on his own political life when he knew about Du's life. The couplets enjoy a high value in literature.

G：顾复初的字也写得气势恢宏，但是由于时间久远，现在大家看到的这副对联是后来补书的。大家刚在大门口不知道看到没，可能大家是外国朋友，没注意到大门口也有这副对联，是郭沫若的夫人于立群先生写的。同一副对联，被屡次书写，可见其地位。

I：Gu's calligraphy style is grand and powerful. But the time that he wrote the couplets are so long ago, so the writing you see today is written by others. I don't know if you have noticed that the same couplets also hang at the entrance gate, but they are written by another famous calligrapher Yu Liqun. Yu Liqun is the wife of Guo Moruo. Guo Moruo is a very influential Chinese poet and writer, and his essays and poems are selected into middle-school and high-school textbooks. (3) The same couplets have been repeatedly written by different renowned calligraphers. You can probably see the artistic and literary status.

上述口译活动文本转写中的（1）（2）（3）处均体现了口译员作为文化交际阐释者的角色。在对参观的地点大廨的介绍中，导游一开始提到了杜甫曾经担任的官职"左拾遗"和"检校工部外郎"，此时口译员并没有采取音译或者考虑到中西方官职设置的不同而采用"government official"这一泛指的策略，而是通过和导游直接对话，厘清这两种官职的具体职能责任后，再译出杜甫所任官职的职责内容，以便外宾能够略知杜甫曾经的政治生涯中的职责。在接下来的行程中，导游介绍对联，口译员在翻译并阐释了对联的内容后（即第2处），再向外宾解释自己仅仅粗略地翻译了对联的内容及背后的故事，而对联的美还蕴含在其形式中，而自己并未翻译出对联中的韵律。外宾对此表示理解，回应"OK. Good to know."。外国宾客对于中国传统的文学形式并不清楚，口译员此时不仅仅是向外宾翻译导游的介绍词，也就是对联的内容，同时还向外宾简单介绍了对联作为一种文学形式，其对仗和韵律美是翻译很难呈现。在导游介绍该对联的书法艺术时（即标注第3处），提到了郭沫若的夫人于立群，说道"大门口也有这副对联。是郭沫若的夫人于立群先生写的。同一副对联，被屡次书写，可见其地位"。中国人对于郭沫若可以说是耳熟能详，对于其夫人于立群也有一定的了解，然而外国朋友如果没有细致地学习过中国文学，则可能对这两位文人不甚了解。如果口译员直译导游的介绍词，对外宾来说可能略显费解：谁是郭沫若？谁是于立群？因此，口译员对于立群进行了简短易懂的介绍"…another famous calligrapher Yu Liqun. Yu Liqun is the wife of Guo Moruo. Guo Moruo is a very influential Chinese poet and writer, and his essays and poems are selected into middle-school and high-school textbooks."通过这样的介绍，外宾对于郭、于二人有了了解，也自然明白了这副对联屡次被名人书写，可见其文学地位。综上所述，导游口译员在导游活动中充当了文化交际阐释者的角色。

3. 文化交际协调者

涉外旅游不是一项单向交际的活动，而是互动式交际的过程，换言之，游客在旅游中很有可能和当地人进行互动。在这互动的过程中，导游口译时常扮演着文化交际协调者的角色，最为常见的是，口译员协助游客询问当地人一些当地情况或者帮助游客在购物中了解商品的情况进而协助议价、购买，等等。

四川的甘孜州和阿坝州旅游资源丰富，近年来开发的甘孜—阿坝旅游路线聚集了沿线的海螺沟、稻城、色达、四姑娘山、若尔盖草原、九寨沟、黄龙溪等诸多旅游胜地，吸引了海内外大批游客前往。同时甘孜阿坝地区盛产松茸，许多当地人在旅游景区内售卖松茸制品。松茸较名贵，甘孜阿坝地区又是其著名产区，因此许多游客都有购买的需求。2014 年，有六位英国游客参与的一个旅行团在甘孜州当地的餐馆品尝过松茸汤后，导游介绍在旅游沿途的一个集市有松茸出售，有需要的游客可自行前往购买。许多中国游客在旅游大巴上讨论购买松茸事宜，并向导游询问识别优质松茸的方法。这六名英国游客通过口译员了解了大巴上游客和导游谈论的内容后，也表示有兴趣购买松茸，并请求口译员协助购买。以下为店员、口译员和外国游客的对话转写，分别以 S（shop assistant）、I（interpreter）、T（tourist）来标记。

I：（对店员）你好！你的这几种松茸怎么卖的？

S：这几种几十到两百多的都有。里面还有干的，按两称。

I：（对外宾）The price varies from less than 100 yuan per half kilo to more than 200 yuan per half kilo for the fresh ones, and they also have dry ones which is sold by the unit of 50 grams. You will go with the dry ones, right? The fresh ones probably will be forbidden to carry on the plane when you go back to Britain.

T1: The fresh ones will be fine. We live in Beijing. How much for the biggest fresh ones?

I：（对店员）最大的这种新鲜的怎么卖呢？

S：248 元一斤。

I：248 yuan per half kilo.

T1：And the smallest ones are less than 100 yuan?

I：（对店员）最小的是多少钱？

S：98 元一斤。

I：98 yuan per half kilo.

T2：Is there a big difference other than the size?

I：Personally I don't think there's a big difference. 98 yuan per half kilo is a reasonable price.

T2：Then we will take the smallest ones. Can you ask if there's a discount?

I：（对店员）可以少一点吗？

S：哪一种？

I：最小的这种。

S：最小的已经是最低价了。

I：便宜一点儿吧。（外国友人）

S：他们买得了多少？

I：How much do you want?

T1：Just half a kilo for us（T1 and T2）. Anyone else wants to get some?

T3：I will get half a kilo. 98 yuan, right?

I：If you buy more, probably there's a discount.

T1：How much more?

I：（对店员）可能买个两三斤吧。多少钱？

S：那 98 是最低价了啊。

I：稍微让一下嘛。95 吧。

S：三斤吗？

I：95 yuan per half kilo if you guys buy more than 1.5 kilos.

T2：Then we will take one kilo and Jenny（T3）half a kilo.

I：（对店员）那称三斤吧。分两包装。一包两斤的，一包一斤。

从上述对话中可以看出，在购买松茸的过程中，译员的角色不仅仅是语言信息的传递者，同时还起到了文化交际的协调者的作用。当得知了自己所在旅游团组的外国游客有购买松茸的意向后，导游口译主动向店家询问松茸的价格，并在反馈松茸价格给外国游客时，将汉语中的常用计量单位斤（Jin）转换成了"half a kilo"，并未直接使用"Jin"。在了解到商家有新鲜和干货两种类型的松茸以后，口译员将每种的售卖方式和价格告诉外宾，主动提醒外宾新鲜松茸在外宾回英国的时候不让带上飞机。同时，外宾也并未完全将口译员仅仅当作"传声筒"，而是在得知价格差异较大后询问"除去大小差异，便宜的松茸和贵的有无大的区别"。此时，导游口译员本可以将这个问句翻译给商家，让商家给出解释，但此时导游口译没有这样做，而是直接给出了自己的意见"我个人认为没有大的区别。98元一斤的价格挺合理"。外宾也并未执意要导游口译员将自己的问题翻译给商家，而是接纳了导游口译员的意见，决定买最小的。在此后的议价过程中，导游口译员更是主动帮助外宾议价。以上导游口译员的行为充分说明，在旅游文化交流活动中，口译员的角色并不是单一的信息传递者，而是能够站在自己的角度帮助交流活动顺利进行的角色。通常情况下，译员应在口译活动中保持中立（neutrality），但从上述例子可以看出，在导游口译活动中，导游口译员有明显偏向旅客的倾向。从职业伦理道德角度来说，导游口译的身份使其既需要考虑口译员的职业道德，又需要考虑导游的职业道德。当二者发生冲突的时候，如上述情形中口译员的身份需要导游口译员保持中立，而导游的身份需要导游口译员以游客为服务对象，那么此时导游口译员在文化交际活动中的身份在口译员和导游之间不断切换，才会出现看似口译员违反自己职业道德中"保持中立立场"的情形。

三、导游口译的"忠实"原则

在功能学派翻译理论之前，"忠实（faithfulness）"和"对等（equivalence）"此类概念常用来描述译者或者译员在传意方面的准确程度。

虽然不同的翻译学者对于"忠实"或者"对等"的阐释有着或多或少的差别，但大多数理论都认为如果译者或者译员在翻译时能够准确传达原文的意思，也就达到了忠实或者对等。那么怎样才算是准确地传达了原文的意思呢？有提倡以作者为中心的紧贴原文的翻译策略，有建议以读者或者听者所得到的效果为中心的贴近接收方的翻译策略。德国翻译学者施莱马赫将这两类翻译策略归纳为归化（domestication）和异化（foreignization）。但无论是归化或者异化，靠近原文、原作者、原文化还是靠近译文、读者（听者）、目标文化，都无非是二元对立、非此即彼的策略选择，在这种选择中译者或者译员处于一种附属地位，对于翻译标准的讨论也仅限于静态的、语言学视角下的讨论。

功能语言学的兴起为翻译研究提供了新的视角，受其影响翻译研究中也出现了功能学派。在语言学研究中，第一次使用"功能主义（functionalism）"一词的学者是布拉格学派的杰出代表马斯修斯（Mathesius）。布拉格学派学者认为语言的功能性应该是语言研究的中心。语言的功能主要是三个方面：语言在交流中的功能、语言在社会生活中的功能和语言的文学功能。20世纪70年代，翻译研究开始脱离传统的占主导地位的静态语言学研究范式。德国的一些翻译学者将目光投向了布拉格学派提出的功能主义，因此翻译学研究中的功能派学者将翻译研究的重点转向了翻译活动、翻译文本和译者的功能性上。翻译功能派理论的发展和延续经历了四个阶段，在这四个阶段中以四名翻译学者为代表，他们的理论既具有传承延续性也有相互驳斥之处。

第一阶段功能派翻译学者的代表人物为凯瑟琳娜·莱斯（Katharina Reiss），她是功能派翻译研究的创始人，其主张的理论为文本类型理论（Text Type Theory）。莱斯受卡尔·布勒（Karl Buhler）的文本分类理论和尤金·奈达（Eugene Nida）的影响，将文本分为三个方向的类型：信息型功能的文本、表达型功能的文本和命令型功能的文本（如图1-3所示）。当一种文本不止有一种功能时，需要区分哪一种功能是主要功能，再决定该文本属于哪一种文本类型。

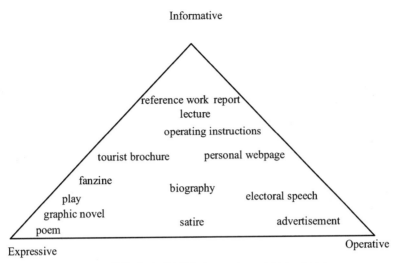

图 1-3　莱斯文本类型图（Munday，2016：116）

　　区分文本的目的是根据文本的功能性选择相应的翻译方法，并且评判译文的准则为审视该译文是否能够展示出原文的功能性。由于莱斯对于文本的划分种类较为简单，同时莱斯主张原文本功能中有主导功能这一特征与实际翻译活动中的情况有一定差距，比如中国的诗词赋，既具有表达型功能也具有信息型功能，甚至两者是相辅相成的关系，文本类型翻译理论常因文本功能的划分是否清晰受到诟病。但文本类型的划分对于导游口译的策略选择具有实践性的指导作用，在常规的景区景点参观的旅游活动中，围绕游客开展的口译活动中所涉及的文本常常是有清晰的功能性划分的，比如在旅游参观时遇到诗歌、牌匾、碑文等涉及文学背景的文本，那么文本的表达性作用和信息性作用明显。导游口译译员在翻译时应强调其信息和文体风格，并在了解游客教育文化背景后选择侧重哪个功能；在旅游活动开展期间，游客和当地人的交流过程中产生的文本通常情况下是具有命令操作意义的文本，比如游客购买当地的商品，那么导游口译译员在翻译时应注重翻译文本对于接下来行动的指导效果，而不拘泥于文本的信息对等和文体表达等。

　　功能翻译理论发展第二阶段的代表人物为维米尔（Hans J. Vermeer），

他是莱斯的学生，对莱斯的理论进行了补充与发展，提出了目的论（Skopos Theory）。Skopo 一词来自希腊语，意思是目的、目标。目的论翻译学说的核心是翻译活动的目的以及文本的用途。维米尔认为整个翻译活动的目的决定了翻译策略的使用。翻译理论学家芒迪（2001：79）将该理论概括为"目的论的核心是翻译的目的，而翻译的目的决定了翻译的方法和策略，这些策略的使用产出了功能适当的结果文本。因此，在目的论翻译学说看来，明确为什么原文本被翻译和目标与文本的功能对于译者来说是至关重要的"。在目的论理论中，维米尔提出了三条重要的原则：目的法则（The Purpose Rule）、连贯法则（The Coherence Rule）和忠诚法则（The Fidelity Rule）。目的法则侧重于了解翻译活动的目的，它可以由翻译活动的发起者决定、原文作者决定或者翻译活动的赞助人（patron）决定；连贯法则强调译文对于译文接受者来说必须是具有连贯性的，也就是说具有意义的，能被他们理解；忠诚法则是指译者的忠诚不再是寻找原文和译文在意义上的对等，而是寻找它们的连贯性、关联性，也就是说原文和译文之间信息的关联。维米尔目的论的提出打破了传统翻译标准中对等与否、归化与异化这两对二元对立的翻译策略的选择。目的论更注重译文的使用者，降低了原文和原文作者的地位，并使译者的主体性得以彰显，译者策略选择的自由度也因此增大。然而目的论有其适用范围，它不应成为"创造性"误译、胡乱翻译的挡箭牌。曹明伦教授将翻译的目的分为文本目的和非文本目的，翻译的文本目的指让不懂原文的读者通过译文知道、了解、欣赏到原文的思想内容和文体风格，而翻译的非文本目的的范围就可以很广了，小到为赚钱而翻译，大到比如梁启超先生发起翻译活动时所追求的"改良群治""开启民治"等文化目的（2007：147-149）。笔者认为文本的语文性和文体性特征在翻译活动中占较低的权重且文本的功能性、实用性和时效性占较高权重时，目的论指导下的翻译策略的选择才能顺理成章，且不能以翻译的非文本目的作为文本转化时随意为之的借口。旅游活动中的口译行为的非文本目的在于帮助游客体验当地文化、欣赏美景、学习先进知识等，所以导游口译员可以在旅游交流活动中区分并权衡口译行为的文本目的和非文本目的，使其达到一个平衡。通常来说，对于非专业考察的民间旅游文化交流活动，原文的文本语文性和文体性特征的权重相对较低。因此，在涉及当地文化现象的翻译过程中，口译员在了解游客背景的情况下，可以使用一些类比，使游客更快地理解当地的文化或者文本，这也就是目的论翻译理论连贯原则指导下策略的选择。

翻译功能学派第三位影响力较大的学者是曼塔莉（Justa Holz Manttari），她发展了先前的功能派学说，并创造了一些术语，为功能学说的理论构架添砖加瓦。曼塔莉提出了翻译行为理论（Translation Action Theory），该理论认为翻译行为不再是单一的从一种语言到另一种语言的转换过程，而是跨文化交流的过程（Transcultural Communication）。曼塔莉将翻译中的文本看成一些信息的集合，而译者是信息的传递者，也就是说"翻译行为是生产信息承载体的过程，这种信息承载体被运用于超常行为系统中来协调行为和交际合作"（Holz-Manttaris &Vermeer，1984：17）。从曼塔莉对翻译行为的再定义可以看出，她将翻译活动的重心放到了信息单元传递和信息单元的功能上，她更看重翻译活动中文化意义的生成和传递，把翻译行为从文字上的对等进一步解放出来，将意义的生成扩展到文化语境下信息的传递与信息功能的达成上。曼塔莉对于翻译行为的定义运用到导游口译中，从某种程度上来说解构了传统意义上的忠实。下面这个例子可以很好地说明曼塔莉翻译行为理论在导游口译忠实问题上的适用性。位于成都市内的著名佛教圣地文殊院吸引了不少外国游客观光，但西方游客对于佛教文化较为陌生。一名导游口译在翻译讲解供奉在文殊院第一个殿里的文殊菩萨、普贤菩萨、观音菩萨三者关系时，既讲解了它们的司职有何不同，又顺带解释了它们同内殿供奉的释迦牟尼佛、弥勒佛之间的关系，同时，还类比希腊神话中宙斯与众神之间的关系来说明它们的关系。这名导游在这场口译中扮演者文化传播者的角色，不但传递了文本信息本身，比如对三位菩萨的介绍，还考虑到原文本在西方文化中的接受度而采用了类比的方式（虽然类比不太恰当），但使西方游客对佛教文化的理解更为直观。

翻译功能学派中第四位集大成者为诺德（Christiane Nord），她系统地归纳了功能派前人的理论精髓，将其体系化并深度阐释了目的论的内涵及应用范围。她发展了莱斯的文本类型理论，对莱斯将文本功能分为三类文本目的的做法进行补充，提出增加"情感性文本（Phatic Text）"这一类别。与此同时，她指出莱斯的文本类型理论仅适用于非文学翻译，为了解决适用性问题，诺德将翻译行为重新分类为文档型文本翻译（Documentary Translation）和工具型文本翻译（Instrumental Translation）。文学翻译属于前者，而译者在进行文学翻译时，应该保留一些与文化相关的词汇或者是采取半翻译的方式（Half-translation），以此更好地保留原文中异域的风味。也就是说，目标读者在读的时候能清楚地知道该文本来自其他文化，而不是母语写成的文本，因为阅读文学作品的目的之一就是感受异域文化。工具型文本翻译主要是指非文学翻译，而在进行非文学翻译时，译者不应该让读者感觉到他们读的是译作，因为非文学翻译中，内容才是真正翻译活动的目的。在导游口译中，需要口译员处理的文本也可以采用这样的二分法：文化承载型文本和工具型文本。也就是说，导游口译译员需要有良好的鉴别文化承载文本的意识。

发生在旅游活动中的，意在引导参与各方更好地理解和交流的口译行为可以看作旅游文化交流活动中的一个辅助性服务环节。它具有语言服务的特征，同时也具有导游口译的特征。但旅游文化交流活动中各方的交互关系是随时变化的，导游口译作为辅助性行为，其目的也是不断变化的。因此，根据上述翻译功能学派理论，导游口译中的"忠实"原则可以概括为以下三点。

第一，导游口译的忠实原则受限于原口语文本的类型。译员首先需要具备识别文本类型的能力，掌握各类不同文本翻译策略的侧重及应用要点。正如前文导游口译的定义及特点中所述，在旅游活动中参与各方需要口译员协助理解的文本是口语文本，如某人的讲话等，此时导游口译译员通常采取交替传译的工作模式，这类文本既有文档型文本，如景区或者展品的语音介绍，其中涉及部分文学翻译或者文化承载词的翻译，也有工具型文本，比如游客在旅游目的地当地的交谈等实操目的性大于文学文化欣赏目的的文本。除此之外，需要口译员协助理解的另一类文本为非口语文本，如某景区或者展区的文字介绍、对联、碑文等，此时导游口译译员多采用视译的方式，处理的文本也多是文档型文本。虽然不能简单地说译员处理文档型文本与工具型文本这两种文本的忠实原则标准哪一类的标准更高，但不可否认的是其忠实标准的侧重点有所不同。翻译文档型文本时的忠实标准更侧重于其表达功能（Expressive Function）和情感性功能（Phatic Function），也更讲究译员能否引起目标语听众的情感共鸣；翻译工具型文本时的忠实标准更侧重于其信息功能（Informative Function）和操作指导功能（Operative Function），旨在传递信息或者使听众采取某种行为。

第二，导游口译的忠实原则与旅游文化活动中口译活动的文本目的与非文本目的紧密相连。在每次口译行为之前，导游口译译员需要明晰此次口译行为的文本目的及非文本目的各是什么，权重如何分配。每一位参与旅游文化活动的人员都可能带着不同的目的和侧重，作为帮助旅游活动参与者实现其旅游文化目的的口译译员，需要充分了解不同服务对象的目的与期待。除了服务对象的目的与期待以外，口译译员还需要对旅游交流活动本身的宏观目的具有清晰的认识，寻找旅游交流活动本身的宏观目的与游客目的之间的契合点。这是导游口译活动中非文本目的的拆解与分析，同时旅游活动中的口译活动必然涉及文本转换的过程，也就涉及旅游口译行为的文本目的，这是更为微观的层面。译员在实现文本目的时需结合旅游活动的宏观目的及游客自身诉求，因此导游口译中的忠实原则既不是完全地忠实于原口语文本或者原讲话者，也不是完全紧贴目标语使用者（听者）。这里的忠实原则的标准不是静态不变的，而是基于口译行为发生时各个目的的权重关系而处在变化中的，它不是单一衡量标准下的忠实。

第三，导游口译的忠实原则不是语言层面字句的机械对等，而是基于信息在文化传递中的可读性及目标文化听众的可接受度。无论是旨在使听众产生审美共鸣的、更侧重表达功能与情感功能的文档型文本，还旨在对听众起信息告知与行动指导的工具型文本，译员对于听众目的的解析和对听众反馈的预判都在不同程度上降低了导游口译中原语文本的地位。绝对忠实于原文的、静态机械的忠实原则，已经被旅游文化活动中口译行为的文本目的与非文本目的解构，脱离听众接受度的忠实在以游客为中心服务对象的客观文化交流活动中无法贯彻。换言之，旅游文化交流活动中以游客为中心的口译活动也一定程度上降低了原文地位，提高了译入语文化的中心地位。因此，导游口译中的忠实标准更倾斜于译员服务的听众与听众所在文化端。

第三节　语言服务与导游口译策略
——四川景区导游口译案例分析

前文明确了四川省旅游语言服务的基本现状，也厘清了导游口译员的角色以及导游口译中忠实的定义及标准。因此，要提供合规的、能推动旅游业健康发展的语言及导游口译服务，向语言服务人员及导游口译员普及规范性、指导性的语言策略和口译服务策略十分关键。相关人员需要确定以人为本的语言服务理念和以目的为向导的忠实与再现口译策略。

一、以人为本的交互式语言服务

游客在旅游活动中置身于当地人文景观之中，全方位接触当地文化，可以说旅游活动是浸入式的感官体验类文化活动，游客参加旅游活动几乎都是主动地去获得感官体验，因此获得的服务不应该是灌入式的、被机械地输入风土人情的介绍。游客作为旅游活动的主体，在旅游活动中应该拥有主动权。因此，景区语言服务要突出互动的特点，而不是由导游向游客单向地文化输出，或者导游根据以往经验和常识对于游客的接受度进行预判而提供相应的语言服务。无论是单个游客还是游客团组，当其主动获取景区语言服务时，应该在合理范围内得到景区语言服务提供方的最大支持，并获得互动式的语言服务体验，无论此语言服务是否有偿、由自然人导游提供还是由电子讲解机器提供。交互式体验是目前景区语言服务的发展方向，科技的发展使得电子解说器上有了更多的选择。目前，很多国内的景区都可以在游客听完某景点的电子解说后，选择或者跳过与之相关的额外介绍。虽然这种交互式体验在内容上的选择自由度小，也有相当多技术上的困难，但电子解说及人工智能导游的发展是能够提供更为定制化的交互式体验。导游则更应该提供更为高效、高质的互动式语言服务体验，也只有能因地制宜地为游客提供定制化语言服务，并与游客共情的导游才不会被人工智能电子导游取代。

外文导游或者导游口译员作为参与涉外旅游活动的重要一环，在进行景区外文解说或者口译时也需要秉持以人为本的交互式语言服务这一宗旨，具体来说包括以下几点。

第一，具有合作的精神和有效沟通的技巧。旅游活动中的合作精神不仅仅是指语言服务提供者与游客之间是合作关系，还包括语言服务提供者相互之间的合作，比如当旅游活动的语言服务不是由外文导游一人提供，而是由导游和口译员共同建构解说文本时，导游和口译员需要默契配合。除此之外，合作还包括语言服务提供者和旅游活动开展过程中其他人员的合作，如旅行社售前人员、景区当地居民等。游客的旅游体验是旅游活动中各参与者共建的结果，因此语言服务提供者需要具备配合他人、与他人在有效时间内达成合作的沟通技巧。

第二，充分了解旅游活动行程、景区景点知识、游客文化背景及接受程度、游客兴趣偏好，为游客量身定制能最大程度激发良好的旅游体验感的解说策略和翻译策略。外文导游和口译员在旅游活动开始前应该认真研究游客的活动行程和特点，不能凭感觉或者经验，以免出现旅游安排上的疏忽。虽然旅游行程是提前由旅行社售前人员与游客确定的，但真正的执行人却是导游或者导游同口译员一起完成。作为执行任务的当事人，应提前对照行程计划，预判计划的可执行度，这是保障旅游活动语言服务质量必不可少的一步。导游和口译员还应该充分熟悉景区景点的相关知识，拓展思路，如某博物馆陈列了我国古代的取水装置，导游及口译员除了对该取水装置的解说词烂熟于胸以外，在条件允许的情况下还应该拓展了解和该取水装置相关的知识，如采水装置的雏形、在不同时代的发展、各装置的工作原理等，以备游客提问。除此之外，涉外旅游和不涉及语言转换的旅游相比，较为特殊的一点是游客的文化背景与当地文化差异一般较大。比如前文提到的，美国南方州线路旅游，由于许多景点都和美国独有的奴隶史有关，如种植园经济、南北战争等，导游和口译员在定制解说计划和口译策略时需要考虑他国游客对于这段历史的了解程度，才能够提供最有效的能被游客所接受的语言服务。

涉外旅游活动是由外文导游一人或者一名导游加一至多名旅游翻译共同承担语言服务。当一个旅行团中有多于一种外语使用者，且无法在团组内就使用哪种语言达成一致的情况下，可能会出现一名导游做讲解，多名不同语对的口译员同时为不同语言使用者翻译的情况。2013年财富论坛在成都举办，开幕当晚，外国来宾受邀至成都景点宽窄巷子赴宴。外国来宾被分成不同的组别，每个小组在宽窄巷子的一家庭院式餐馆里就餐，就餐时中外来宾间隔而坐，口译员们坐在两人背后进行翻译工作。在一个庭院式家宴桌上，有说不同语言的外宾，因此配备了不同语对的多名口译员。中文服务员介绍菜品时，不同语对的口译员同时向自己负责的外宾翻译。晚宴后，安排了各式中国传统节目表演及传统手工艺品现场制作及展示。由于晚宴分组使得同一个庭院的外国来宾熟悉起来，在接下来的参观行程中，这些外宾自发地与晚宴同座形成了"参观团"。此时口译员就成为临时的导游口译。如果静静地跟在外宾后面，什么都不说，任由外宾自己参观，外宾的参观体验将会有很大的折扣；如果强制性地"什么都说"，一直讲解也会让外宾有所负担。因此，在财富论坛准备期间举行的口译员培训会上，培训老师特别提出此次参观的外文解说口译员应"充分准备介绍简洁、适可而止、有问必答"。"充分准备"指口译员需提前熟悉相关文艺活动及工艺展示品的相关词汇和介绍词。"介绍简洁、适可而止"要求外文解说员在导游的过程中，用简短的解说词进行讲解，把欣赏的时间留给外宾。"有问必答"要求外文解说员尽量回答外宾提出的问题，包括帮助外宾和现场的表演者和工匠交流。

第三，主动积极协助游客的浸入式旅游体验，如主动引导游客与当地人的互动。在宽窄巷子，有许多贩卖当地特色工艺品的店家摊贩。在井巷子广场处，一位藏族的小伙子坐在一把小凳子上，伴着音乐敲打一面及膝盖高的手工鼓。小伙子手法娴熟，手势灵活多变，鼓声清脆悦耳、节奏松弛有度。由于小伙子有着藏族人典型的长相、发型和体格，同时身着藏族服饰，表情友好，立即吸引了一组美国旅行团队的注意。外国游客围在藏族击鼓小伙子的旁边，静静地观看表演，有的游客拿出手机和照相机录下小伙子的影像。带团导游等美国游客观看了一会儿表演后说："This is a typical Chinese ethnic drum. He is performing Tibetan pop music written by himself." 团组里的美国游客微笑点头。随后，导游询问大家"Anyone wants to have a try beating the drum?" 团组里的游客比较犹豫。此时导游向藏族鼓手询问："您好！您这个鼓可以让外国朋友敲一敲吗？您简单教他们几个节奏行吗？"藏族小伙子很乐意地答应了。导游又转向美国旅游团说："He agrees to give a short drumming lesson. Anyone wants to try?"见团队游客仍然在犹豫，导游挑选了旅行团队中一位大约十二三岁的男孩，询问他是否愿意试试。这位男孩的父母鼓励男孩尝试，小男孩也就勉强同意了。接着导游将他带到藏族鼓手面前，做了简单的介绍。藏族鼓手紧接着安排小男孩坐下，并将自己敲打的手鼓放置在小男孩面前，自己从店门口堆放的其他手工鼓中选出一只，放在自己面前，教起了小男孩打手鼓。此时，同行的美国旅客大多数都拿起了照相机拍照，还有一些跟着他们的节奏拍起了手。在教授环节结束后，小男孩的父母买了一张藏族小伙子录制的手鼓音乐 CD。其他美国旅客也颇有兴致地到店门口近距离欣赏手工鼓等其他工艺品。通过导游的主动引导，美国游客更加深入地了解了宽窄巷子景点中的地方文化特色。游客不再仅仅是一个旁观者的角色，他们参与到了与当地人互动的文化体验中，而这一切都是在导游的交互式服务意识指导下完成的。

二、以减轻文化过载为目的导向的忠实与再现

在涉外旅游的过程中，游客对于当地景观、人文民俗等都较为陌生，

此时游客处在一个文化信息过载的环境中，导游口译员如能适时采取引导式提问，并给出选项可以减轻游客的文化过载情况。引导式的提问体现在解说或者口译某些特定文化现象、物件或者景点时，可以对游客提问、让游客参与猜测。通常情况下，游客对于景区的自然、人文景观都不太了解，虽然目前互联网和社交媒体让人们随时可以获取信息，但在参观之前就深入了解景区的游客并不多。如果在旅游途中，只是单方向地向游客输出信息，游客的旅游体验并不会太好。尤其是当游客长期生活所处的文化和当地文化相差较大、当地人文景观涉及较为繁琐复杂，或者需要游客大量背景知识才能理解的景观时。在这种情况下，游客很容易出现文化过载的感觉，从而对导游引导的参观旅游路径和活动失去兴趣。此时，无论是和当地导游配合的口译员，还是身兼导游和口译两职的涉外导游，都应该主动降低游客的文化过载感。引导式的提问，并给出选项的互动可以使游客的旅游体验便佳，从而有更好的景区文化体验感。

下文是一个导游口译通过给游客补充背景知识，给出引导式提问和多项备选项来降低游客文化过载感的例子。文殊院入口处，立有六大天王的彩塑，导游带领一队六个美国人组成的旅游团组踏进文殊院入口处的天门殿。以下是导游、口译员和美国游客对话的转写。

导游：（对口译员和外国游客）在天王殿正对大门的是弥勒佛祖，这在佛庙里很常见了，对吧？大家再看看，在四周正襟危坐着的是四位天王。大家是外国朋友，可能不太清楚，中国一般天王殿中只有四位天王，分别是东方持国天王、南方增长天王、西方多闻天王、北方广目天王。这四位保我们风调雨顺。这里大家看到了，多了的这两位为哼天王和哈天王，也就是大家经常说到的哼哈二将。

口译员：Here in the Hall of Heavenly Kings, in front of you is Buddha Maitreya. How many of you believe in Buddhism?

（美国游客摇头。）

口译员：In Sanskrit, this Buddha's name is Buddha Maitreya. His statue is often seen in the first hall of Buddhist temples. Take a look at him. He has a smiling face, doesn't he? So Chinese people usually call him "Happy Buddha" or "Smiling Buddha". Look at him, and you feel your worries will go away. He is also mentioned in daily conversation too. In China, if you want to describe somebody as a person who can't help laughing. You can say "Why are you laughing like Happy Buddha"。

（美国游客纷纷微笑点头，并拿出手机拍照。）

口译员：You may want to take a look around. The heavenly Kings are sitting around in all seriousness. In the Buddhist temples, the first hall normally hosts only four kings. They are King of the North, King of the South, King of the West and King of the East. The four heavenly kings control natural elements and protect Chinese people in farming with good weather all year round. But one thing special is that here at Wenshu Temple, there're two more kings included. Can you guess who are the two added up?

（美国游客环顾四周，相互讨论。）

口译员：I will drop you a hint. These two look a bit different from the other four in appearance.

（美国游客开始猜测，指向正确答案。）

口译员：Yes! We already got the right answer! It is these two（指向左右两边的哼哈二将）. They are not really kings, but guarding generals, General Heng and General Ha. Their function is to fend off the evil.

上文转写的导游口译活动中译员的表现可圈可点，既翻译出了导游的信息，也考虑到游客的文化认知差异，降低了文化过载的现象。导游的介绍概括起来为两个信息点：第一，游客此时面对的是弥勒佛；第二，这座前殿供奉了六位天王，不同于其他的佛庙前殿只供奉四位天王，并且依次介绍了这六位天王。口译员先翻译了导游的第一句话"在天王殿正对大门的是弥勒佛"（Here in the Hall of heavenly Kings, in front of you is Buddha Maitreya.）。可能是意识到这六位美国人可能对佛教完全不熟悉，口译员继而询问这六人中有没有人信佛教。在得到否认回答后，口译员认为此时如果按照导游的原话来翻译，外国游客有可能出现由于文化过载而造成的认知困难，因此增补了更容易记住弥勒佛名字的翻译方法，告诉游客这一位佛祖由于笑容可掬，被中国人亲切的称为"笑和尚"（Smiling Buddha；Happy Buddha）。同时还告诉外国游客，看到这位佛祖好像烦恼都没了，并且中国人日常口语中也会借用这位佛祖的昵称来指代一类人。让非佛教信仰的外国人记住"Maitreya"这一名称并不容易，且在以休闲娱乐为目的的旅游活动中也没有太大的必要记住这个正式称谓。而讲解这位佛祖在中国人心中的形象更有利于外国游客感受和理解佛教文化在中国的影响，因此该口译员确立好语言服务的目的，也就是让外国游客感受中国佛教文化及其对中国人语言习惯乃至生活态度的影响，从而灵活处理了这一句话的翻译，降低了文化过载量，也减轻了外国人的认知负担。

　　导游的第二个信息是文殊院前殿设置了六位天王的特殊性。对中国佛教文化比较陌生的六位美国游客来说，直接翻译导游的解说可能效果并不太好。因此，口译员在处理这个信息的时候先是介绍了四位天王。在作此介绍时，口译员也考虑到直译四位天王的名称可能会带来外国旅客的认知记忆困难，因此将原话中的"东方持国天王、南方增长天王、西方多闻天王、北方广目天王。这四位保我们风调雨顺"做了三个处理。第一，将"持国""增长""多闻""广目"这些较为有中国神灵特征或者庇护功能的称谓修饰词给省略了，直接将其翻译为东方天王（King of the East）、南方天王（King of the South）、西方天王（King of the West）和北方天王（King of the North）。并且不直接翻译"风调雨顺"，而是告知外国游客这四位天王有掌控自然界元素（natural Elements）的能力和保佑以农耕为主的古代中国人有好天气（protect Chinese people in farming with good weather all year round）的功能。第二，将原文中四位天王被介绍的顺序"东南西北"换成了西方人比较容易接受的"北南西东"的方位顺序。第三，在讲到文殊院前殿与其他佛庙不同之处，即前殿有六位天王时，该口译员采取了前一小节提到的浸入式互动的方式，让游客猜测是多出了哪两位天王。在游客难以得出结论时，口译员及时再次减轻文化过载、降低认知难度，给出了提示"这两位和其他天王在长相上略有不同"。通过互动问答并不断降低难度的方式，游客更加有参与的积极性，对于景点也能有更加深刻的记忆。

景区语言翻译服务相较于文学翻译或者外交场合的口译来说，口译员的翻译策略与目标语接受者的认知水平相关度更高，也就是说口译员在选择策略时大多将听者的接受能力作为策略选择的前置条件，更加注重听者是否能立即听懂。因此，忠实这一标准不能被简单地理解为信息准确。口译员在旅游活动中的功能是以游客熟悉的语言为其再现本地的文化，而再现的基础是游客的认知水平。换言之，当口译员发现由于文化间的差异导致翻译的内容不能在短时间内被游客所理解的时候，口译员应采取相应的策略来减轻游客的认知负荷。减轻认知负荷可以有两个大的方向，一是通过知识的补给让游客对当地文化有新的认知，提高其认知水平能力。另一方向是通过减轻文化负载量，将当地文化中的新事物或者新现象降低到游客已有的认知水平内。在时间充裕的情况下，口译员可采取第一种方向的策略，使得游客对于当地文化有更深刻的认识理解；在时间紧迫且游客注意力、兴致不那么高昂时，口译员可采取第二种方向的策略，为游客减负，因为旅游不是文化考察调研，其目的多以休闲娱乐为主。

第四节　小　结

涉外旅游活动离不开语言服务的助力。语言服务是文化交流活动中的某一方向其他参与者或者部分参与者，提供以语言文字为内容或载体，旨在帮助交流各方实现信息流通的劳动性服务。语言服务的提供方可以是机构或者个人。语言服务的实施方可以是人、机器、人工智能等现代科技手段。语言服务的传递形式可以是已经翻译好的文本，或者谈话、演讲等传统形式；也可以是通过现代技术手段，如语言服务人员带上话筒，服务使用方带上接收器（接收耳机）的形式；还可以是语言服务人员发出口头语言文本，语音识别系统即时识别并以文字字幕的方式呈现在屏幕上，等等。随着中国国际化程度的加深，越来越多的中国人走出国门去看世界，也有越来越多的外国人来到中国感受、体验中国博大精深的文化和民俗风情。因此，无论是中国人出境游还是国际游客入境游，对于语言服务的需求渐长，但由于旅游业发展的规范性有待提高，为游客提供涉外导游服务的人才市场也有待进一步规范。旅游业中的部分乱象导致旅游翻译人才发展面临着一方面人才短缺严重，而另一方面人才流失严重的局面。由于旅游活动的娱乐性属性，涉外导游的角色以及口译策略也有别于其他场合和主题下的口译员角色及策略。涉外导游口译员既是文化引导员，也是文化交际阐释者，同时还担任了文化协调的职责。涉外导游的忠实性与中立性是基于服务这一属性的，因此其忠实度具有功能导向性，秉持以减轻文化过载为目的的忠实与再现；其站位也常常与游客保持一致，提供以人为本的交互式语言服务。

第二章

景区公示语翻译

联合国世界旅游组织（UNWTO）第 22 届全体大会于 2017 年 9 月在四川省成都市举行，该会议不仅是联合国世界旅游组织的全体会议，还是中国主导成立的重大国际旅游组织——世界旅游联盟（WTA）的成立大会。同时，它还是我国"一带一路"倡议国家旅游部长级会议。我国国际旅游业的蓬勃发展推动了旅游相关资料的翻译更新。旅游景区公示语和相关宣传资料的翻译是我国文化的重要传播途径，且在一定程度上代表了国家形象，影响着我国旅游业在国际上的竞争力。2016 年成都市政协发布的《关于对成都市著名旅游景点翻译问题的调查与建议》数据显示，成都市旅游景点公示语的翻译状况令人堪忧，成都市内景区公示语翻译存在大量误译和漏译现象。四川作为一个旅游大省，有着丰富的旅游资源，每年面向世界接待来自各国的朋友，因此四川景区公示语翻译的规范化建设尤为重要。

第一节　公示语的种类

公示语（Public Signs），又称标识语、标示语，指公开面对公众的告示、指示、提示或警示及与其相关的信息，是一种常见于受众生活中的特殊文体。公示语在日常生活中随处可见，例如公共设施、公共机构、区域名称和旅游景点的标识，以及军警重地、生产基地和其他易招致危险的场所警示性公示，等等。

公示语按其功能可以分为：指示性公示语、提示性公示语、限制性公示语和强制性公示语等。指示性公示语主要提供信息服务，一般没有特定的限制或强制意义，主要功能为提示公众，并不要求公众采取何种行动，起到指示服务的作用，例如机场休息室（Airport Lounges）、自动售卖机（Vending Machine）、提供外卖服务（Take-out Service Available），等等。提示性公示语没有特定指示意义，仅起提示作用，但用途广泛，例如售罄（Sold Out）、油漆未干（Wet Paint）、请在此等候咨询（Please Wait Here for Enquiries），等等。限制性公示语对相关公众的行为提出限制、约束要求，语言直截了当，但不会让人感到强硬无理，例如来客请到门房登记（All Visitors Please Report to the Gate Warder）。强制性公示语要求相关公众必须采取或不得采取某种行动，语言比限制性公示语更为强硬，带有一定命令口吻，例如严禁停车（No Parking）。

第二节　公示语的语言特点

作为一种特殊文体，公示语已渗透到我们生活的方方面面。不同种类的公示语作用不同，有的给公众提供必要信息，有的可以规范公众的社会行为，等等。汉语公示语和英语公示语有各自的语言特点。

一、汉语公示语的语言特点

汉语公示语的语言一般都简洁明了，有以下特点。

1. 多用名词

汉语中大量的公示语是由单个名词或多个名词组成的词组构成，例如"峨眉山游客中心""物价局电话""优惠票""文明守则""消火栓""植物厅""峨眉山书画研究院""可回收物"，等等。此类公示语多属于指示性公示语，功能为向公众提供信息。此类指示性公示语简单明了，篇幅不大，必要时配有图文或符号。

2. 动词+名词

动词+名词的组合在汉语公示语中也极为常见，例如"禁止垂钓""禁止吸烟""严禁烟火""小心落石"，等等。此类公示语多属于限制性公示语或强制性公示语，一般起到规范或命令公众行为的作用，语言简短，有些语气强硬，不容违抗。此类公示语在日常生活中较为常见，为公众提供必要的安全信息，保障公众的安全和权益。

3. 动词词组

由动词词组构成的公示语也极为常见，例如"售罄""正在营业""在此等候登记""正在施工"，等等。此类公示语多属于提示性公示语，为公众提供信息服务。

提示性公示语和限制性、强制性公示语所传递的信息状态多为"动态"（一般是要求、强制公众的某一特定行为），因此多动词结构，而突出服务、指示功能的公示语，其信息状态则多为"静态"（一般是为公众提供某类信息，这一信息并不一定指向某一特定行为）。

二、英语公示语的语言特点

英语公示语同汉语公示语一样，大多简洁直白，有以下主要语言特点。

1. 大量使用名词（或动名词）

大量使用名词（或动名词）是这样能直接显示特定信息内容，能让简洁的表达形式传达出明确的内容；而汉语中相应的公示语往往使用动词来达意。

（1）not/no+名词（或动名词），例如：

No Admittance except on Business（非营业时段闲人免进）

Army Property No Trespassing（军事用地闲人免进）

No Smoking（禁止吸烟）

（2）名词（或动名词）+过去分词，例如：

Road Closed（道路封闭）

Toilet Engaged（厕所有人）

Parking Permitted（允许停车）

Smoking Strictly Prohibited （严禁吸烟）

（3） 名词（或动名词）+副词，例如：

Hands Off（请勿触摸）

Staff Only（仅供员工使用）

2．大量使用动词

英语公示语通过大量使用动词或动词短语，将公众的注意力集中在公示语所传递的信息，并采取实际行动，例如：

Your awareness can <u>save</u> lives. If you <u>see</u> any suspicious package or bag, do not <u>touch</u>. <u>Warn</u> others. <u>Move away</u> quickly.

（您的警觉可以拯救无数人。如果您看到任何可疑包裹，千万不要触动，警示他人，迅速撤离。）

此公示语的重心放在一系列动词之上，清楚直白地说明情况，指导公众按照公示语要求采取行动。

3．大量使用词组、短语

词组、短语的结构简单，组合多样，能快速有效地传达必要信息，例如：

Be Aware of the Dog（小心恶犬）

Check In（入住登记）

Check Out（退房办理）

4．使用缩略语

在英文公示语中，公众最常接触、使用的公共设施或服务的公示语常常会用缩略语来标示，其优点是用最简洁的形式突出中心内容，例如：

WC（厕所）

VIP Lounge （贵宾室）

DIY（自己动手做）

这些由英文缩略语构成的公示语也在中文语境中大量使用。

5. 多用现在时态

公示语主要是给某特定区域范围内公众行为的指示、提示、限制或强制，因此时态多用一般现在时或进行时，例如：

Recycling bin to your right!（右侧有回收桶）

This lift is out of order.（此电梯故障）

6. 按需使用大写

为了让公众能够在第一时间接收公示语所要传达的信息，尤其是该信息最核心的部分，英语公示语在书写上可以全部（或将需要强调的部分）大写，或实词的首字母大写，句末常不用标点符号，例如：

DUTY FREE（免税店）

RAMP SPEED（斜坡限速）

三、中英文公示语的共同语言特点

1. 常用省略

公示语用词简洁，措辞精确，常常以不影响含义的准确性为前提，仅使用实词、关键词或核心词体现表达的特定功能、意义，省略其他非重要句子成分，例如：

Take Away Service Available（提供外卖服务）

Fasten Seat Belt While Seated（请系好安全带）

观察通行（Do not Stay）

雷雨天禁止拨打手机（Cellphones Prohibited during Thunderstorms）

2. 多用祈使句

公示语是为路过的公众提供信息，涉及各行各业的人群，因此祈使句在公示语中得到了大量的应用，例如：

Hold the Hand Rail（抓紧扶手）

See Reverse for Full Rules and Condition（详细规则条款见背页）

请勿乱扔垃圾（Do Not litter/No Littering）

禁止垂钓（No Fishing/No Angling）

第三节　公示语翻译的策略和方法

本节讨论的"翻译策略"是指译者在翻译实践中，为了达到既定目标所选取的翻译方法。耶斯凯莱宁（Jaaskelainen）把翻译策略分为总体策略（Global Strategies）和局部策略（Local Strategies）两种，前者指运用于整个翻译的策略（如对译文风格的考虑、对读者群的假设等），而后者则集中于翻译中更为具体的操作（如寻找合适的词汇等）（转引自李德超，2005）。"翻译策略"和"翻译方法"这两个术语常被混淆，"翻译策略"这一术语大约在 20 世纪 90 年代中后期被引入我国翻译研究界，我国学界一般认为，翻译策略（如归化、异化）处于文化层面，应多从文化层面考量；而翻译方法（如直译、意译）处于文本层面，应多从篇章语言上考量。（方梦之，2011：110）

四川省得天独厚的旅游资源吸引着来自国内外的大量游客，这也使四川景区外宣公示语的翻译问题显得更为重要。景区公示语主要包括景点介绍、路标指示、游客须知、游览示意图、服务设施介绍等。景区公示语除了能够为游客提示所需相关内容，还能在一定程度上表达发布者的文化诉求。与其他类型的翻译实践相比，景区公示语的翻译在跨文化、跨心理、跨交际特点上表现得更为典型、直接、突出和全面。它们的主要功能是向外国游客提供一些必要的信息，所以必须简洁明了，同时还应具备一定吸引游客的作用。四川旅游资源丰富，涉及的公示语翻译的语料也极为丰富，本节将选取四川境内具有代表性的景点——峨眉山—乐山大佛景区和成都金沙遗址博物馆为例，以收集的语料为基础，讨论四川景区公示语的翻译策略和方法。

峨眉山—乐山大佛景区是国家 5A 级景区，以其"雄、秀、神、奇、灵"的自然景观和深厚的佛教文化，被联合国教科文组织（UNESCO）列入《世界文化与自然遗产名录》（World Cultural and Natural Heritage List）。峨眉山（Mount Emei）位于四川省乐山市峨眉山市境内，雄踞在四川省西南部，是中国"四大佛教名山"之一，属普贤菩萨道场。自古有云："普贤者，佛之长子，峨眉者，山之领袖。"峨眉山自然遗产丰富，素有天然"植物王国""动物乐园"和"地质博物馆"之美誉。北魏时郦道元《水经注》记载，"去成都千里，然秋日澄清，望见两山相对如峨眉，故称峨眉焉"。《峨眉郡志》亦有记载："云鬟凝翠，鬓黛遥妆，真如螓首蛾眉，细而长，美而艳也，故名峨眉山"。唐代大诗人李白则有"蜀国多仙山，峨眉邈难匹"的千古绝唱。峨眉山草木青绿，风景秀丽，享有"峨眉天下秀"之盛名。由于峨眉山的高度和地理位置原因，从山脚到山顶十里不同天，一山有四季，草木青翠，神秘无比。乐山大佛（Leshan Giant Buddha），又名凌云大佛，位于四川省乐山市南岷江东岸凌云寺侧，濒大渡河、青衣江和岷江三江汇流处。乐山大佛开凿于唐代开元元年（713 年），完成于贞元十九年（803 年），历时约九十年，历经三代建造者，四位皇帝。这尊耗时九十年之久的弥勒佛坐像通高 71 米，额头宽度为 10 米，鼻子长 5.6 米，颈高 3 米，肩宽 28 米，指长 8.3 米，脚背宽 8.5 米，是中国最大的一尊摩崖石刻造像，堪称为世界文化史上的奇迹[1]。宗教文化特别是佛教文化构成了峨眉山—乐山大佛景区历史文化的主体，这也给该景区公示语的翻译增加了一定难度。

成都金沙遗址（Jinsha Site）位于成都市西郊苏坡乡金沙村，金沙遗址博物馆（Jinsha Site Museum）是国家 4A 级旅游景区、国家一级博物馆。2001 年 2 月，建筑工人在挖掘蜀风花园大街时发现了金沙遗址，该遗址分布范围约 5 平方千米，是公元前 12 世纪至公元前 7 世纪长江上游古代文明中心——古蜀王国的都邑。金沙遗址已发现的重要遗迹包括：大型建筑基

---

[1] 参见峨眉山—乐山大佛景区官方网站: http://www.lsdf517.com/web/view/FACF2260BADF98B4.html http://www.ems517.com/article/208.html.

址、祭祀区、一般居住址、大型墓地等，清理出的珍贵文物多达两千余件，出土金器、铜器、玉器、石器、象牙器、漆器等珍贵文物，还有数以万计的陶片、数以吨计的象牙以及数以千计的野猪獠牙和鹿角，堪称世界范围内出土金器、玉器最丰富，象牙最密集的遗址。从文物时代看，绝大部分约为商代晚期和西周早期，少部分为春秋时期。金沙遗址是中国进入 21 世纪后第一个重大考古发现，也是四川继三星堆之后又一个重大考古发现，并被评选为"2001 年全国十大考古发现"。金沙遗址的发现，极大地拓展了古蜀文化的内涵与外延，对蜀文化起源、发展和衰亡的研究有着重要意义，金沙遗址出土的"太阳神鸟"金饰图案也被确定为成都市城市形象标识的核心图案[①]。

笔者按公示语的功能将这两个景区实地采集的语料进行分类，主要分为景区指示性公示语、景区提示性公示语、景区限制性公示语和景区强制性公示语。

一、指示性公示语的翻译

景点名称和景点介绍属于景区指示性公示语，此类公示语数量较大，且大多具有一定的文化内涵，翻译难度比一般的指示性公示语更大，表 2-1 为几组例子。

表 2-1　翻译示例 1

序　号	中　文	英　文
1	砖殿	The Brick Hall
2	巍峨宝殿	Towering Hall
3	大雄宝殿	The Great Buddha's Hall
4	接引殿	Jieyin Temple

---

① 参见金沙遗址博物馆官方网站: http://www.jinshasitemuseum.com/About/Introduction.

表 2-1 中的四组公示语都是景点名称公示语，且这四组公示语中文结尾皆为"殿"。"殿"，古代泛指高大的房屋，《说文古本考》有载："殿，堂之高大者也"，后多指供奉神佛或帝王受朝理事的大厅。"砖殿""巍峨宝殿"和"大雄宝殿"皆坐落于峨眉山万年寺之内。万年寺是峨眉山八大寺庙之一，建于东晋，时称普贤寺，唐时改名为白水寺，宋时为白水普贤寺。明万历二十九年（公元 1601 年），神宗皇帝为给太后祝六十大寿，赐名圣寿万年寺。无梁砖殿，是峨眉山万年寺中第二殿，又称普贤殿，殿内供奉着一尊普贤菩萨的铜像。此殿建于明代，全以砖块砌就，无一木一柱一瓦，雄伟壮观。英译时取其特色，即"砖"，译为"The Brick Hall"。巍峨宝殿位于砖殿之后，英译时取其"巍峨"之意，译为"Towering Hall"。在佛教寺院中，大雄宝殿就是正殿，是整座寺院的核心建筑，供奉着释迦牟尼佛的佛像，因此译为"The Great Buddha's Hall"，"The Great Buddha"指的便是释迦牟尼佛。接引殿和万年寺一样，是峨眉山主要寺院之一，始建于宋朝，名为新殿，明朝扩建为寺，称接引殿，也称朝阳阁。表 2-1 中的前三组公示语皆为万年寺中供奉佛像的大殿，因此翻译时"殿"被译为"hall"。"hall"有"礼堂"之意，而"接引殿"并非某个寺庙中的一座大殿，它虽称为"殿"，实际上却是峨眉山著名寺庙之一，因此译为"Jieyin Temple"，这样能够给外国游客提供更准确的信息。"接引"一词为佛教用语，是引导、教导的意思。根据佛教传说，在释迦牟尼未出世前，世间已有佛的出现，这个佛就是"接引道人"。此"接引"乃法号，故翻译时采用了使用汉语拼音音译的方法，译为"Jieyin Temple"。

翻译不仅是各国语言之间的转换，更是文化交流与传播的重要方式和工具，公示语的翻译不能拘泥于字与字、词与词之间的对应，而应该关注核心信息的传递是否清楚准确。

在景点名称公示语翻译中，音意合译的翻译方法极为常见，详见表 2-2。

表 2-2 音意合译的翻译示例

序　号	中文	英文
1	清音阁	Qingyin Pavilion
2	慈圣庵	Cisheng Nunnery
3	报国寺	Baoguo Temple
4	伏虎寺	Fuhu Temple
5	九老洞	Jiulao Cave
6	圣积寺晚钟	Sheng Ji Temple Copper Bell
7	金沙鹿苑	Jinsha Deer Park

　　表 2-2 中七组景点名称公示语皆采用了音意合译的翻译方法,汉语拼音音译其名,再加上英文中表示其性质的词语,如寺庙(temple)、山洞(cave)、庵堂(nunnery)和大殿(hall)等。此方法一方面保留了景点的汉语名称读音,另一方面清楚地向外国游客展示了景点的类型,方便他们按个人喜好选择游览。但此翻译方法也有一定弊端,这类不完全的音译不利于外国游客向不懂英文的中国公众询问道路,这也是近年来一些城市地铁和道路指示牌的英译方法从以往的音意合译转变为音译[①]的原因。

　　然而,并不是所有景点名称的翻译都采用了音意合译的方法,详见表 2-3。

表 2-3 翻译示例 2

序　号	中　文	英　文
1	五百罗汉堂	Hall of Five Hundred Arhats
2	一线天	A Slit of Sky
3	玉石之路	Jade Road
4	乌木林	Ebony Forest
5	洗象池	Xixiangchi
6	雷洞坪	Leidongping
7	五显岗	Wuxiangang

---

① 例如"民兴路"不再译为"Minxin Road"而是译为"Minxin Lu",此举主要是方便外国游客问询。

表 2-3 中第一组到第四组景点名称公示语都采用了意译的方法。"罗汉"是"阿罗汉"的简称，梵音译（Arhat），此处翻译时延用梵译。"slit"有"窄缝"之意，"A Slit of Sky"对应汉语"一线天"。玉石和乌木深受中国人喜爱，且中国盛产各类精美玉石珠宝；乌木兼备木的古雅和石的神韵，有"东方神木"之称。"Jade""Ebony"是玉石和乌木的英译。后三组景点名称公示语在翻译时直接采用了汉语拼音音译的方法，正如前文所说，此译法为外国游客的问询提供了方便。

除此之外，还有一些景点名称极具中国文化特色，这也给公示语翻译带来了更大难度，例如：

白水秋风　Baishui Qiufeng（Wannian Temple in Fall）

万年寺在唐代更名为白水寺，宋更为白水普贤寺，后来到了明朝万历年间又改名圣寿万年寺。"白水"是万年寺的代称。万年寺的山景四季宜人，秋景最为迷人。每逢金秋时节，峨眉山下夏暑尚存，金顶三峰已初飘白雪，而位于峨眉山中段的万年寺，正处在一年中最美的季节。"白水秋风"作为峨眉十景之一，则是形容万年寺秋季之美景。清人刘儒在《大峨山》一诗中不忘赞美秋景："天下峨眉秀，乘云结胜游。龙吟千涧雨，树点万峰秋。"

在翻译"白水秋风"时首先采用了音译汉语拼音的方式，译为"Baishui Qiufeng"，但汉语拼音并不能给不懂汉语的外国游客提供足够信息，因此，此公示语采用了音译加注的方法，先音译汉语拼音，后在括号内解释其意。维基百科上提供的"白水秋风"英译为"White Water in the Wind of Fall"，并没有采用音译的方法。相较之下，维基百科的译法更忠实于汉语原文，原文中的"白水"（white water）和"秋风"（wind of fall）在译文中都得到了体现。

总的来看，峨眉山景区景点名称公示语翻译主要采用了音意合译、汉语拼音音译、意译和音译加注的方法。

除了景点名称和景点介绍以外，景区内一些公共设施、路段场所等的标识也属于景区指示性公示语，详见表2-4。

表 2-4　翻译示例 3

序　号	中　文	英　文
1	自然生态猴区	Wild Monkey Area
2	滑竿服务点	Sedan Chair（"Huagan"）Service
3	上山步行道	Walking Path（uphill）
4	应急疏散图	Evacuation Chart

表2-4中的第二组公示语"滑竿服务点"的翻译难度比其他三组更大，因为"滑竿"在英文中找不到准确的对应项，它是一个具有独特中国文化特色的交通工具。"滑竿"古时叫"肩舆"，是中国西南各地山区特有的一种供人乘坐的传统交通工具。滑竿由两根结实的长竹竿绑扎成担架，中间架以竹片编成的躺椅或用绳索结成的坐兜，前垂脚踏板。乘坐时，人坐在椅中或兜中，可半坐半卧，由两轿夫前后肩抬而行。"滑竿"被译为"Sedan Chair"，韦氏词典（Merriam-Webster）给"sedan chair"的定义是："a covered chair that is carried on poles by two people and that was used in the past for carrying a passenger through the streets of a city"。"Sedan Chair"对应中国

文化中的"轿子"。"轿子"在我国大约有四千多年的历史。《尚书·益稷》中有载:"予乘四载,随山刊木。""四载"是指:"水行乘舟,陆行乘车,泥行乘橇,山行乘檋。"(《史记·夏本纪》)"檋",就是最原始的轿子。但中国文化中的"轿子"并不局限于两人抬乘,两人抬的称"二人小轿",八人以上抬的则称为"八抬大轿"等。不过,作为指示性公示语,若只采用音译的方法,很难给外国游客提供必要的信息,因此,在翻译"滑竿服务点"时,首先用英语中的相似对应项"Sedan Chair"解释其意,再附上汉语拼音"Huagan",既起到了提供必要信息的作用,又保留了汉语读音。

可以看到,峨眉山—乐山大佛景区中指示性公示语翻译多用以下几种方法:(1)音意合译;(2)汉语拼音音译;(3)意译;(4)音译加注。其中,景点名称和景点介绍公示语的方法更为多样,这四种方法都有运用,而对于景区内一些公共设施、路段场所等的标识多采用直译或意译的方法,方便外国游客理解。对于一些富含中国文化的公示语,则是采用音译加注的方法,在保留中国文化风味的基础上提供必要信息,满足外国游客需要。此方法既保留了汉语特色,又利于外国游客的模仿、询问。

我们再来看金沙遗址博物馆中的指示性公示语翻译。金沙遗址主体文化遗存的时代约为商代晚期至西周时期,极有可能是三星堆文明衰落后在成都平原兴起的又一个政治、经济、文化中心,是古蜀王国的都邑所在,也是中国先秦时期最重要的遗址之一。和峨眉山—乐山大佛景区的佛教文化背景不同,金沙遗址景区涉及的历史文化更为远古神秘。可以说,金沙遗址复活了一段失落的历史,再现了古蜀国的辉煌,是华夏文明重要的有机组成部分。也正是这远古神秘的古蜀文化,给景区公示语翻译增加了一定难度。

首先,我们来看金沙遗址博物馆五个主题陈列展厅名称的翻译。金沙遗址博物馆的主题陈列《走进金沙》是由"远古家园""王国剪影""天地不绝""千载遗珍""解读金沙"这五个展厅组成。这五个展厅的中文名称都采用了四字格的形式,这符合我们中国人的审美和韵律习惯,但也给英译带来了一定难度,详见表2-5。

表 2-5　翻译示例 4

序　号	中文	英文
1	远古家园	Primitive Homeland
2	王都剪影	King Palace at a Glance
3	天地不绝	Immortal Heaven and Earth
4	千载遗珍	Peak of Perfection
5	解读金沙	Seeking Answers to the Mysteries of Jinsha

　　英译多用名词性的结构试图还原汉语四字格的形式，从字面意义来看，这五个英译都较为忠实地反应了汉语原意，其中"远古家园"和"解读金沙"的英译几乎做到了逐字对应，且清楚易懂。"王都剪影"的译文"King Palace at a Glance"准确地再现了汉语原文中"剪影"的生动形象之感，可谓佳译；而"天地不绝"中的"天"译为"heaven"而不是"sky"，也是做了多方考虑。"天地不绝"是主题陈列《走进金沙》的第三展厅，主要陈列了一些祭祀器具。在远古时代，人们认为"万物有灵"，对自然界与祖先神充满了敬畏之情，常举行各种祭祀活动，旨在与天地神灵沟通，希冀得其庇护。所以"天地不绝"中的"天"不指"天空"，而指"神灵"，因此英译选用了具有基督教色彩的"heaven"而不是"sky"来体现此展厅的主题，即远古时期人与神的交流。"千载遗珍"译为"Peak of Perfection"，有"登峰造极""最高造诣"和"绝唱"之意，而此展厅陈列的展品堪称金沙文物中最富文物价值和艺术价值，且最具神秘意味的国宝重器，"太阳神鸟"就位于此展厅，可以说，英译"Peak of Perfection"有效地向外国游客传递了必要信息，即在此展厅陈列之物皆为"登峰造极之作"，可谓"千古绝唱"。

　　金沙遗址博物馆中展品名称公示语多采用了直译的方法，详见表 2-6。

表 2-6 翻译示例 5

序　号	中　文	英　文
1	石跪坐人像	Stone Human Keening Figure
2	石蛇	Stone Snake
3	青铜大立人	The Big Bronze Standing Figure
4	太阳神鸟	The Sun and Immortal Bird Gold Ornament
5	海贝形玉佩	Seashell-shaped Pendant
6	阳刻昆虫纹玉牌	Jade Plaque with Incised Insect Pattern

　　表 2-6 中所列示例公示语多采用了直译的翻译方法，较为精准地还原了汉语原意，展品的材质、形状、人像姿势和雕刻方法在英译中都得到了很好的体现，甚至还补充了一些关键信息，如"太阳神鸟"被译为"The Sun and Immortal Bird Gold Ornament"，在"The Sun and Immortal Bird（太阳神鸟）"之后添加了"Gold Ornament（金饰品）"，向外国游客清楚地展示了该展品的材质和用途。

　　当然，并不是所有的展品名称公示语都采用了直译的方法，对于一些比较特殊的，富有中国文化内涵，或在西方语境中找不到对应项的单品，只能采用音译或音译加注释（解释性）的方法，详见表 2-7。

表 2-7 翻译示列 6

序　号	中　文	英　文
1	卜甲	Bujia（The role of divination task on great importance in the course of offering activities.）
2	农耕之祖——木耜	Si（Spade-shaped Digging-stick End）——The Father of All Farming Tools
3	玉璋	Jade Zhang
4	有领玉璧	Jade Collared Bi

卜甲一般指甲骨，即中国古代占卜时用的龟甲和兽骨。其中龟甲又称卜甲，多用龟的腹甲；兽骨又称卜骨，多用牛的肩胛骨，也有羊、猪、虎骨及人骨。卜甲和卜骨，合称为甲骨①。西方文化中占卜的方法颇多，如：气候占卜，认为大气变化（打雷、闪电、浓云、风向和日月光晕等）蕴含着未来的征兆，古巴比伦的牧师就使用这种占卜方法，它也是最古老的占卜方式；字母占卜；撒盐占卜，通过撒盐的形状占卜吉凶；骰子占卜和圣经占卜等。但这些占卜方法中并未使用到中国占卜时所用"卜甲"，因此，很难找到其文化意义上准确的对应项，若不考虑文化层面，只将"卜甲"译为"tortoise shell/ turtle shell（乌龟壳）"，其文化内涵有所流失，并非佳译。因此，此处选用了汉语拼音音译辅以解释性的翻译方法，一方面让外国游客向中国文化靠拢，另一方面比较准确地解释了"卜甲"在中国文化中的含义。"农耕之祖——木耜"也采用了同样的翻译方法，先用汉语拼音音译，再辅以英文解释，告知外国游客它的形状和大致用途。"玉璋"和"有领玉璧"翻译时采用了音意合译的方法，"玉"译为"jade"取其字面意思，而"璋"和"璧"则使用了汉语拼音音译。"玉璋"形似"青铜剑"，是重要的玉礼器，是作为祭祀天地的重要礼器而存在的；"有领玉璧"是金沙遗址出土的一种较为特别的玉璧，该玉璧制作精良，平面为一规整圆形，中有圆孔，孔周缘高高凸起，反应了当时人们高超的制玉技术。在中国文化中，玉璧可用作饰品，具有很高的欣赏价值，也可用于祭祀。无论是"玉璋"还是"有领玉璧"，都无法在英语语境中找到准确的对应项，因此采用音意合译的方法，一方面凸显该器具的材质特点，另一方面保留其文化内涵。

用以上例子可以看出，金沙遗址博物馆中指示性公示语翻译多采用直译的方法，对于一些富有中国文化内涵、在西方语境中找不到对应项的展品，则采用音译或音译加注释（解释性）的方法以及音意合译的方法。

---

① 参见 https://baike.baidu.com/item/%E7%94%B2%E9%AA%A8?fromtitle=%E5%8D%9C%E7%94%B2&fromid=1415003.

二、提示性公示语的翻译

旅游景区内有大量提示性公示语，它们起到提示游客的作用。此类公示语将必要信息提供给游客，在保护景区环境、保障游客安全等方面起到极大作用。因此，提示性公示语翻译的规范、准确极为重要，具体示例见表2-8。

表 2-8　翻译示例 7

序　号	中　文	英　文
1	为了我们的健康，请喂我们专用食物	Please feed us ONLY with the food specially prepared by scenic area.
2	美丽正在绽放，请勿随意打扰	Please Protect the Environment
3	小草对你微微笑，请您把路绕一绕	Please keep off the grass.
4	此处常有野生猴群出没，请注意安全并保管好随身物品	You are in the territory of wild monkeys, please be cautious and take care of your belongings.

表 2-8 中的四组汉语公示语均使用了"请"字，英译也用了"please"的句式，礼貌地做出提示。值得注意的是，第一组公示语的英译对原文进行了删减，只翻译了对应公示语的后半句"请喂我们专用食物"，省略了"为了我们的健康"；而第二组和第三组也是将原文"美丽正在绽放，请勿随意打扰"和"小草对你微微笑，请您把路绕一绕"直截了当地译为了"Please Protect the Environment"和"Please keep off the grass"，用最简单的祈使句做出必要提示。由此可见，峨眉山景区的一些提示性公示语被译为英文后，变得更为简单明了。这类译文虽然清楚，但缺乏一定的亲和力，其他示例详见表2-9。

表 2-9　翻译示例 8

序　号	中　文	英　文
1	绿水青山就是金山银山	Green mountains and waters are invaluable treasure.
2	强化消防意识，保护遗产安全	Follow fire control measures to ensure safety of our heritage.
3	提高消防素质，建设平安景区	For the safety of everybody, do not use anything that might cause fire.
4	一个蚁穴，可以让千里之堤崩溃 一个烟头，可让万亩森林成灰	One ant hole may cause the collapse of a dam; a spark of a cigarette can destroy the whole forest.
5	进入佛教圣地，人人和和气气	Mt. Emei is a sacred place of Buddhism. Please respect the local religious belief.

表 2-9 第一组公示语"绿水青山就是金山银山"是习近平同志提出的理念，该句朗朗上口，含义深刻，被国人所熟悉。此句体现了马克思主义的辩证观点，剖析了经济与生态在演进过程中的相互关系。若将其逐字翻译为"Green mountains and waters are golden and silver mountains"，虽忠实于原文，但不利于外国游客理解，因此该公示语被译为"Green mountains and waters are invaluable treasure"。对于外国游客来说，"invaluable treasure"比"golden and silver mountains"更加清楚易懂。

第二组和第三组公示语在中国景区中十分常见，是常用的景区安全提示语。中文常用"强化……意识"和"提高……素质"这两种表达，但此类在中文中常用的表达并不适合逐字译为英文。因此，更符合英语语言习惯的译文产生了。"强化消防意识"，被译为"Follow fire control measures"；"提高消防素质，建设平安景区"被译为"For the safety of everybody, do not use anything that might cause fire"。译文中并未提到"提高……素质""建设……"，但英译表达清楚，符合英语习惯。

第四组公示语"一个蚁穴，可以让千里之堤崩溃；一个烟头，可让万亩森林成灰"源于"千里之堤溃于蚁穴"，英译忠实于汉语原文，可以说是字字对应，并未做过多介入。

第五组公示语"进入佛教圣地，人人和和气气"被译为"Mt. Emei is a sacred place of Buddhism. Please respect the local religious belief"，前半句忠实于汉语原文，"佛教圣地"被译为"a sacred place of Buddhism"；后半句"人人和和气气"，则被译为"Please respect the local religious belief"。"和和气气"一词源于"和气"，中国古人认为天地间阴气与阳气交合而成之气。万物由此"和气"而生。在现代汉语中，"和气"一般是指"和睦的感情"。英译关注对佛教的尊重，而汉语原文更多关注的是人与人之间交往的态度。英译"local religious belief"译为汉语是"本地的宗教信仰"。此短语有两层隐含意义：第一，佛教是本地的/本土的宗教信仰；第二，本地人信奉佛教。

三、限制性公示语和强制性公示语的翻译

限制性公示语和强制性公示语功能相似，都对相关公众的行为提出限制、要求，它们的区别在于限制性公示语的语言虽然直截了当，但并不强硬，相较之下，强制性公示语的语气更加强硬，有命令的口吻，不容违抗。这两类公示语也大量存在于各旅游景区之内，为国内外游客提供必要信息，它们提示的信息与指示性和提示性公示语不同，往往和游客的生命财产相关，此类公示语语言更为简洁清楚，其英译也应准确明了，具体示例见表 2-10。

表 2-10　翻译示例 9

序　号	中　文	英　文
1	小心落石，观察通行	Caution: Danger of ROCKFALL. Do not stay.
2	水深三米，请勿靠近	Caution! Water depth of three meters.

表 2-10 中两组公示语是限制性公示语，对应的英译清楚明了，都用了

英文单词"caution"表示"警告、提醒"。外国游客看到"caution"一词，一般会提高警惕，认真阅读后面的内容。第一组公示语的英译还使用了大写字母，此方法能快速吸引外国游客注意力。在英文书写中，若整句大写，一般能达到两种效果：第一，强调该句内容；第二，加强语气，就像我们平时说话时大声喊叫一样。第一组公示语在翻译时只大写了该句的核心词之一，即提示的"落石"（rockfall），此方法一方面能快速抓人眼球，另一方面也不会显得不礼貌。更多示例见表 2-11。

表 2-11　翻译示列 10

序　号	中　文	英　文
1	禁止垂钓	No Fishing
2	禁止游泳	No Swimming
3	禁止采砂	No Sand Excavation
4	严禁通行	Access Prohibited
5	禁止下河嬉戏游泳	CAUTION: No Wading or Swimming
6	严禁机动车进入	No entry for all vehicles
7	观察通行	DO NOT STAY
8	漫水路面，禁止通行	CAUTION: Paths Possibly Flooded in Rainy Season

表 2-11 中前六组公示语汉语明确表示"禁止"，对应的英译采用了"NO""No+doing"的结构和"prohibited"来表示明令禁止。第七组公示语汉语是"观察通行"，从其功能来讲，应属于限制性公示语而不是强制性公示语，但英译却译为了"DO NOT STAY"，此表达有命令语气，属于强制性公示语，且该公示语每个字母都大写了，更加重了其命令语气。第八组公示语情况相反，汉语"漫水路面，禁止通行"是典型的强制性公示语，此公示语的目的是告知游客可能的危险，明令禁止通行，而英译"CAUTION: Paths

Possibly Flooded in Rainy Season"并不能算作强制性公示语，它甚至都不能算作限制性公示语，因为它只给游客提供了提示信息。由此，可以发现，在景区汉语公示语英译的过程中，一些公示语的功能类别发生了改变，详见表 2-12 所列例子。

表 2-12　翻译示例 11

序　号	中　文	英　文
1	地质灾害多发地，观察通行	Geological disasters occur frequently here. Do not stay.
2	香烛供养三宝，香烟请离殿堂	Holy Place, No Smoking

表 2-12 中第一组公示语是限制性公示语，英译用了"Do not"结构，使英译语气更为强硬，倾向强制性公示语。第二组情况类似，英译使用了"No doing"结构，这是典型的强制性公示语。第二组公示语的前半句"香烛供养三宝"文化内涵丰富，有一定翻译难度。公示语篇幅很短，英译中想要体现佛教文化的"三宝"，实在困难。若音译为"Sanbao"也很难让外国游客理解，因此英译用"Holy Place"来翻译前半句能在第一时间传递有效信息。但原汉语公示语"香烛供养三宝，香烟请离殿堂"语气委婉，除了向游客表明佛殿内不能吸烟的原因，还用"请"字以示礼貌，而英译由于使用了"No+doing"结构，语气变得相对生硬，且公示语的功能发生了改变，由汉语的限制性公示语变为英译的强制性公示语。

第四节　公示语翻译规范讨论

一、理论发展

"规范"（Norms）这一术语源于社会学，是"社会关于正确行为的观念"（Bartsch，1987：xiv），意指明文规定或约定俗成的标准，同一文化背景下的公众对某一特定行为的期待，如道德规范、技术规范等。"规范"作动词时指按照既定标准、规范的要求进行操作，使某一行为或活动达到或超越规定的标准，如规范管理、规范操作。翻译规范理论兴起于 20 世纪 70 年代后期，被视为"绝对必要的概念（an absolutely essential concept）"（Hermans,1999:165）。吉迪恩·图里（Gideon Toury）从翻译研究的角度对翻译规范进行了系统的研究。图里认为：翻译是受社会文化规范制约的活动。（Translation as a norm-governed activity.）翻译受到很多因素的影响，这些因素超越了源语文本、语言之间的系统差异、翻译中涉及的文本传统、译者的认知能力的范畴，处于社会文化的层面，而处于"规则"（rule）与"特性"（idiosyncrasies）之间的"社会约束"（constraints）就是"规范"（norms）（Toury，2001：51）。

具体而言，制约翻译的社会文化因素包括：源语文本、语言之间的系统差异、文本传统和译者的认知能力。社会文化因素对翻译的约束力分布在两个极端之间，即"绝对规则"和"特异质"，即：

绝对规则（rules）←→规范（norms）←→ 特异质（idiosyncrasies）

翻译活动实际上是两种语言和文化系统之间的转换，这也意味着译者面对的是两套规范系统。源语和目的语的语言、文化传统常不兼容，而翻译行为则在其中发挥调节作用。译本实际上是译者在两种不同的语言、文化、篇章、传统之间取舍的产物。译者在进行翻译活动时，无时无刻不受规范制约。此规范贯穿整个翻译过程，且反映在翻译产品的每一层面。

图里将翻译规范分为三类：预备规范（Preliminary Norms）、起始规范/始发规范（Initial Norms）和操作规范（Operational Norms）（Toury，1995/2001：56）。预备规范是从宏观的角度考虑翻译政策，考察影响作品选择的因素，例如作者、文本类型、学派等。起始规范决定译者翻译时的整体策略取向，具体可分为两大类：第一，遵循源语的语篇关系和规范——充分翻译（Adequate Translation）；第二，遵循译语以及译语文学多元系统的语言和文学规范——可接受翻译（Acceptable Translation）。操作规范则是面向具体翻译过程中的实际抉择。操作规范之下是母体规范（Matricial

Norms）和文本语言规范（Textual-linguistic Norms）。母体规范决定译语材料的形式以及译本省略、增加和位置改变的程度；文本语言规范影响译者对译语材料的选择。

图里认为这三类规范之间的关系是对等的，不同规范在翻译活动的不同阶段起作用。译者选择一个翻译文本，要考虑当时的社会文化背景和文本自身的价值等诸多因素，这些因素都可能影响该翻译过程。除此之外，还应注意一个重要的制约因素——目的语读者的期待，这对译者的翻译策略选择起着至关重要的作用（Toury，1995/2001：51-60）。

切斯特曼（Andrew Chesterman）细化了图里的描述性翻译规范，并提出了自己的规范体系。他认为"规范处于法律（laws）和成规（conventions）之间"（转引自廖七一，2009：96）。切斯特曼将影响翻译过程及其产品的行为规范分为"译品或期待规范"（Product or Expectancy Norm）和"过程或专业规范"（Process or Professional Norm）（Chesterman，1997：54）。期待规范是由读者对特定类型的翻译应期待而建立起来，即目的语读者对译文风格、写作手法等方面的期待。专业规范制约着翻译过程中译者采取的方法和策略，起着调控翻译过程的作用，而专业译者的翻译行为具有建立规范的作用（Chesterman，1997：45-69）。图里和切斯特曼的翻译规范论涉及整个翻译过程，对不同文化中的翻译实践起着一定的指导作用。

二、景区公示语翻译的不规范之处

旅游景区公示语的英译是我国对外宣传的一个窗口，其英译效果对于宣传中国文化、促进我国旅游业的发展和提升中国国际形象都有着积极的意义。公示语种类繁多，有些有着丰富的文化内涵。和其他任何一种翻译一样，公示语翻译是在特定的社会文化语境中进行的，其翻译过程和结果必然受到原语文化和目的语文化的双重影响和制约。除此之外，目的语读者的期待也会影响公示语的翻译。

随着四川省旅游业飞速发展，入境旅游的外国游客数量呈逐年增长态势，作为文化载体的旅游景区公示语不断增加。2016 年成都市政协发布的《关于对成都市著名旅游景点翻译问题的调查与建议》(后文简称《建议》)中提到，成都市旅游景点公示语的翻译状况却令人堪忧，例如青城山公示语汉韩翻译的错字率高达 54%，书写多余、残缺率 17%；都江堰景区公示语汉韩译错字率更为 67%，时态使用错误占 20%，语序错误或重复书写占 20%。

《建议》中指出，成都市著名旅游景点公示语的翻译主要存在以下三个问题：

第一，词汇误译，如把汉字直接翻译为韩语时，用了在韩语中与汉语词不同的字，或是错打、漏打或多打字，引起韩国游客误解。

第二，语法误译，如译者本人可能对外语习惯理解有误引起的语法错误问题，尤其是时态不明确。

第三，违背语文规范的错误，其中隔写错误问题尤为严重，导致外国游客在摄取信息时出现麻烦。

此《建议》中所用语料多为成都市旅游景区公示语和宣传语的汉译韩语料，但其中指出的问题实际上也涉及其他语种。根据笔者收集的语料来看，川内很多景点的公示语英译并无一个统一规范，翻译质量参差不齐，还存在着一些误译、漏译现象，详见表 2-13。

表 2-13　误译、漏译示例

序　号	中　文	英　文
1	进入一级防火区，严禁烟火	Fire-Prevention Zone （First Class） NO OPEN FLAMES
2	无障碍设施	Disabled Facilities
3	行需缓步，语要低声	Walks the slow, low voice speech
4	男厕/女厕	Man/Woman
5	小心地滑	Be Careful of Floor Slide
6	小心台阶	Step Carefully
7	铜戈	Bronze Bagger-axe
8	大金面具	Gold Mask
9	小金面具	Gold Mask

表 2-13 中六组公示语都存在一定的误译现象，第一组"进入一级防火区，严禁烟火"被译为"Fire-Prevention Zone (First Class) NO OPEN FLAMES""Fire-Prevention Zone"可以指防火区域，但"一级"被译为"First Class"并不妥当。"一级防火区"中的"一级"是指灾害防治的分级制度，"一级防火"意味着严禁烟火，类似的分级标准还有"一级放爆"，等等。一般来讲，此类灾害防治的分级制度被译为"primary"（一级）、"secondary"（二级）等。而"first class"在英文中一般指"头等、一流"，如"头等舱"。第二组公示语"无障碍设施"是指保障残疾人、老年人、孕妇、儿童等社会成员通行安全和使用便利，在建设工程中配套建设的服务设施，包括无障碍通道（路）、电（楼）梯、平台、房间、洗手间（厕所）、席位、盲文标识和音响提示。"Disabled"是指"残疾的"，它虽然可以指"为残疾人设计的"，但"Disabled"一词在英文语境中的使用频率并不高，所以"无障碍设施"最好译为"Barrier-free Facilities"或"Accessibility Facilities"。第三组公示语更是译得不知所云，有较明显的语法错误。第四组公示语十分常见，直接用"Man/Woman"（男人/女人）来指代男女厕所并不准确，更地道的译法是"Male/Female"。第五组和第六组公示语属于提示性公示语，旨在为游客提供必要信息。中文的"小心地滑"和"小心台阶"是公共场所常见的公示语，"Be Careful of Floor Slide"看起来像是中文"小心地滑"的一一对应，但它并不能给外国游客传递有效信息。"小心地滑"一般可以直接译为"Slippery"，前面也可以加一些表示警告提示的词语，如caution，但"Be Careful of Floor Slide"并不符合英文语境，属于死译。"小心台阶"在英文语境中多用"Mind/Watch your step"，而"Step carefully"属于典型的误译。这两种公示语在景区出现频率很高，若多次出现有误的英译，不利于景区形象的提升。"铜戈"中的"戈"应该被译为"dagger-axe"而不是"bagger-axe"，可能为印制错误，而"大金面具"和"小金面具"都被译为"Gold Mask"，容易引起混淆，可稍作区分，如分别译为 Gold Mask（big）、Gold Mask（small）或 Big Gold Mask、Small Gold Mask。

根据笔者收集的语料，四川景区公示语翻译存在大量不规范之处，主要分为三大类。

1. 英译公示语功能改变

当一些限制性公示语或是强制性公示语被译为英文时，其功能可能改变，详见表 2-14。

表 2-14　翻译示列 12

序　号	中　文	英　文
1	地质灾害多发地，观察通行	Geological disasters occur frequently here. Do not stay.
2	香烛供养三宝，香烟请离殿堂	Holy Place, No Smoking
3	漫水路面，禁止通行	CAUTION: Paths Possibly Flooded in Rainy Season

表 2-14 中第一组公示语是限制性公示语，而英译则是强制性公示语。例二中文使用了"请"字，属于限制性公示语，而英语则是典型的强制性公示语。第三组公示语情况相反，其汉语是典型的强制性公示语，而英译并不能算作强制性公示语，它甚至都不能算作限制性公示语，因为它只给游客提供了提示信息。有此例可以看出，在翻译强制性公示语时一定不要改变其功能，否则可能引起较为严重的安全隐患。

2. 过度省略

"爱护树木，请勿攀爬"被评为"Do Not Climb The Trees"。该句本身并不属于中国文化内涵丰富的公示语，而是国内外景区常见的限制性公示语之一。汉语原意分为两层，一是爱护树木，二是请勿攀爬，英译只体现了第二层意思。虽然从简洁的角度来讲，这样的译法可取，但从忠实的角度来讲，着实没有必要省略汉语公示语的前半部分。

3. 忽略原公示语的核心信息

"漫水路面，禁止通行"被评为"CAUTION: Paths Possibly Flooded in

Rainy Season"。该句的汉语公示语是强制性公示语，核心信息是"禁止通行"，其原因是路面漫水，而它的英译只用了"CAUTION"一词，表示"警告、提醒"，其语气较弱没有表达出汉语"禁止通行"的意思。

三、景区公示语翻译的策略选择

面对各种翻译不规范的情况，景区公示语翻译的策略选择显得十分重要。一般来讲，译者在翻译过程中所采用的策略主要分为三类：语义策略、句法策略和语用策略。它们是翻译规范具象化的表现，译者通过恰当使用翻译策略达到翻译规范化的目的。

奈达（Eugene A. Nida）（1969：12）认为，从语义到文体层面，翻译都应在译语中选择最贴近而又最自然的对等语再现原语的信息（Translation consists in reproducing in the receptor language the closest natural equivalent of the source language message, first in terms of meaning, and secondly in terms of style.）。所谓"最贴近、最自然的对等语"，并不是在译语中寻找源语某个词的一一对应。景区公示语用简洁的形式传递重要的信息，这些信息有些起指示作用，有些起提示、限制和强制作用，若死译、硬译原文，并不能给外国游客传递有效信息。因此旅游景区的公示语英译应避免机械翻译，减少误译的发生。除此之外，译者还应从专业的角度充分考虑目的语读者的期待，从语义到文体准确传达原文的信息。

在景区公示语的翻译过程中，译者还应注意两种语言在句法方面的差异，尽量使用地道规范的译入语表达原语的句法层次。但应以读者接受为大前提，在保留中国文化特色的前提之下尽量向译入语读者靠拢。也就是说，在英译过程中，一些汉语常见的句法在译文中可能出现一定的改变，其目的是产生更为地道流畅的译文，例如"山是一尊佛，佛是一座山"为英译"Mt. Emei is a Buddha who is incarnated in a mountain"。汉语喜欢对仗的结构，"山是一尊佛，佛是一座山"，对仗工整，读之朗朗上口，十分符合中国人的语言习惯。但英文并没有这样的特点，若将其译为"Mt. Emei is a Buddha and the Buddha is Mt.Emei"虽忠实于汉语原文，但英文游客读之却有重复啰嗦之感。因此，英译摒弃汉语原文的句法结构，转而使用英文语境中常用的从句结构，这样符合外国游客的语言习惯，更容易被他们接受。

翻译是一种跨文化交际，译者不仅是将一种语言简单转化成另外一种语言，而是应该从自身专业背景出发，理解原文的文化涵义，再综合考虑源语和目的语的社会语境，将原文信息准确、清晰地传递给目的语读者，在此过程中应充分考虑目的语读者的语用习惯，例如峨眉山十景之一——白水秋风，其英译为"Baishui Qiufeng（Wannian Temple in Fall）"。译者通过使用音译加注的方法，一方面保留了汉语景点的读音，方便外国游客询问，另一方面解释了汉语的意思，让外国游客在第一时间了解该景点的信息。史定国（1994：107）认为，在翻译地名或各旅游景点名称时，可以学习国外一些中国地图的做法，即图幅上的中国地名完全用汉语拼音拼写，在图例中附加通名和常见修饰词的释意表。这样读者可以借助释意表举一反三，不仅做到了地名和景点名称拼写的标准化，还以较为简洁的形式传递了一些必要信息，满足各方需求。从笔者收集的语料来看，四川省旅游景区景点名称的翻译方法并不统一，常用的翻译方法有：音意合译；汉语拼音音译；意译；音译加注。为了使我省各景点名称英译更为规范，可考虑统一采用音译加注的翻译方法，如"报国寺"译为"Baoguo Si (Baoguo Temple)"；"白水秋风"译为"Baishui Qiufeng (Wannian Temple in Fall)"。此译法一方面便于外国游客查找问询，另一方面能够将一些必要信息（如景点类型）提供给外国游客，利于游客们按自己喜好选择景点。

针对旅游景点翻译不规范的问题，成都市政协发布了《关于对成都市著名旅游景点翻译问题的调查与建议》，对成都旅游景点的翻译问题提出了如下建议：

第一，有关部门要重视旅游景点的翻译问题，建议成立一个由相关专业专家组成的检查小组，负责旅游翻译工作的检查和监督，全面整顿旅游景点、酒店菜单、道路名以及商店招牌名的翻译，加大监管力度，尽早进行整顿和改进，提出具体的整改方案。

第二，规范翻译市场行为，建立良好的市场环境。以旅游翻译为契机，加大《翻译服务规范》《翻译服务译文质量要求》等国家标准的实施力度。

第三，加强成都市旅游资源的翻译品牌宣传。建设以多语信息处理、多语翻译服务、多语培训、多语呼叫、多语翻译景点为主要内容的城市旅游信息服务平台，完善城市旅游多语服务功能，提升城市翻译品牌形象。

第四，充分利用成都高校资源优势，发动在蓉高校翻译专业学生进行"地毯式"搜索，积极开展旅游景点和公共场所外语标识语"纠错"实践活动。或发动志愿者们用相机或纸笔记录街面各类广告、商店牌名、旅游景点等公共场所中存在的语言使用不规范现象，并通过查找资料、合作学习等方式对记录下来的错误进行整理纠正。

此四点建议既包括了政府层面的宏观管控、制度建设，又包含了高校层面的具体执行操作，给旅游景点翻译规范化建设指明了方向。

第五节　小　结

中国是四大文明古国之一，有着丰富的旅游资源，每年吸引了大量的海外游客。然而，大量不规范的英译出现在各旅游景区之内，一方面给外国游客带来困扰，另一方面不利于我国旅游业国际形象的提升。旅游景区翻译规范化建设的问题已经得到了政府部门的关注，并给出了相关指导意见。本章以四川境内两个具有代表性的景点——峨眉山—乐山大佛景区和成都金沙遗址博物馆收集到的中英公示语为语料，从细微出发，讨论了景区公示语的翻译策略和方法。

笔者发现，景区中公示语翻译多用以下几种方法：（1）直译；（2）汉语拼音音译；（3）意译；（4）音译加注；（5）音意合译。其中，景点/展品名称和景点/展品介绍公示语的方法更为多样，这五种方法都有运用，而对于景区内一些公共设施、路段场所等的标识多采用直译和意译的方法，方便外国游客理解。对于一些富含中国文化的公示语，则是采用音译加注的方法，在保留中国文化风味的基础上提供必要信息，满足外国游客需要。从收集的语料来看，旅游景区公示语的英译存在着一定的误译和不规范现象，这些不规范现象主要表现为：第一，英译公示语功能改变；第二，过度省略；第三，忽略原公示语的核心信息。面对各种翻译不规范的情况，景区公示语翻译的策略选择显得十分重要。具体来说，景区公示语英译应避免机械翻译，减少误译的发生。除此之外，译者还应从专业的角度充分考虑目的语读者的期待，从语义到文体准确传达原文的信息。在景区公示语的翻译过程中，译者应注意两种语言在句法方面的差异，尽量使用地道规范的译入语表达原语的句法层次，以读者接受为基础，在保留中国文化特色的前提之下尽量向译入语读者靠拢。

第三章

景区文化翻译

四川省自然风光绚丽，人文景观灿烂，拥有九寨沟、都江堰、峨眉山、青城山、黄龙、阆中古城、稻城亚丁、乐山大佛、三星堆、金沙遗址、武侯祠、杜甫草堂、宽窄巷子等知名的旅游景区。此外，四川还是一个多民族的大家庭，有中国最大彝族聚居区（凉山州）、中国唯一羌族自治县（北川县）和中国第二大藏族聚居区（甘孜州、阿坝州），其中甘孜州是康藏文化的核心区。这些景区与少数民族聚集区在呈现迤逦风光与悠久历史的同时，也展现出四川深厚的文化底蕴。景区中的诗词、楹联、碑文、专名等静态文化表现形式与民歌等动态文化表现形式无不体现着该地区人们所共有的文学艺术、行为规范、思维方式、价值观念。因此，研究某一区域或民族的具体文化承载形式是传承与学习其文化内核的重要一环。当然，文化讨论的方式不应该是单向、控制性的，而应该是对话式、多话语的。在各民族不同文化的对话过程中，翻译起着举足轻重的媒介作用。由此可见，翻译与文化之间存在着错综复杂的关系，我们可将涉及二者关系的所有问题简称为文化翻译问题。值得注意的是，这不是一个简单的问题，我们很难从一个角度或一个侧面给文化与文化翻译（Cultural Translation）这两个术语下一个确切的定义，因为它们并不专属于任何一个学科领域和某一个特定的话语。这两个术语在翻译学、文化研究、人类学等领域频繁出现，甚至成为这些学科的研究焦点。

鉴于此，本章首先梳理了"文化"与"Culture"内涵与外延的历时演变，并从翻译学、文化学、人类学三个学科对文化翻译进行辨析与厘清；然后将四川省景区内静态与动态的文化承载形式按照内容与表现方式进行分类；最后，分析各类文化形式的翻译特点，提出文化翻译的原则与策略，并结合四川省景区与民族聚集区内的具体案例进行说明。

第一节　文化翻译的多学科视野

凡是具有文化接触和协商性质的翻译行为，都可在宽泛的意义上称为文化翻译（孙艺风，2016：1）。文化翻译已成为很多学科领域的关键概念工具，不同学科领域对其有不同程度的涉及与讨论。但由于研究学者的学科背景不同，造成了对其研究角度的差异，甚至对它概念意义的理解也大相径庭。而且学界往往对文化翻译的含义仅拥有一些基本的设想，缺乏实质性的界定与厘清，从而造成了文化翻译概念的含糊空泛。笔者认为在研究四川省景区与少数民族聚集区的文化翻译之前，有必要梳理不同学科视域下文化翻译的能指内涵与所指外延。文化翻译是翻译与文化关系的概括性术语，"文化"存在着过多莫衷一是的定义，这使得文化翻译的概念意义愈加模糊。所以理清文化翻译概念，梳理中西文化概念的演变就显得尤为必要了。

一、中西文化概念的演变

1. 汉语文化概念的演变

文化概念的内涵与外延并不是固定不变的。随着时间的推移与空间的迁移，文化已成为一个多内涵、广外延的多维概念。与过去所讨论的文化不同，今天我们所谈的文化是一种复数的文化，是涵盖人类一切生活方式的文化，是包含了以往被无视或忽视的边缘文化在内的内涵更加丰富的文化。

汉语中，"文化"是"人文教化"的简称。西汉之前，"文""化"二字尚未并用，且在本意上也并无必然的联系。据《说文解字》"文，错画也，象交叉"的释义，"文"本指各色交错的纹理。后来在此基础上，出现了诸多引申意义，如：指德行、美、善等；指包含语言文字在内的各种象征符号；指与"实""质"相对应的彩画、装饰、人文修养等。"化"字本义为"改易、生成、造化"，是事物在形态或性质方面的改变，如"男女构精，万物化生"（《易·系辞下》）。

西汉以降，"文"与"化"合成一词并用，如"文化不改，然后加诛"（《说苑·指武》）、"文化内辑，武功外悠"（《文选·补之诗》）等。从此以后，文化一词便与自然、野蛮相对，表示"以文教化"，即对人性情的陶冶与品德的教养。由此可见，文化中的"化"字取"教化"之意，是"文"的引申和应用的结果，包括族群精神活动和物质活动的共同规范，以及这些规范在精神活动和物质活动中得以产生、继承、传播与认同的过程和手段。在文化的创造与发展中，主体是人，客体是自然，而文化则是人与自然、主体与客体在实践中的对立统一体（李建军，2010：5）。换句话说，人创造了文化，反过来文化对人也具有塑造性。从这个角度来看，文化又具有"人造物化"的实质性含义，它是人类主体通过社会实践活动，适应、利用、改造自然客体而逐渐形成自身价值观念及其实践这些价值观念的过程，其产生的成果，既反映了自然面貌、形态、功能的不断改变，也反映了个体与群体素质的不断提高和完善。综上所述，文化具有"人造物化"与"以文教化"的双重内涵，它涵盖超越本能的、人类有意识地作用于自然界和社会的一切活动及结果。

2. 英语"Culture"的概念意义

英语中，"Culture"一词源于拉丁文"Colere"，为"耕作"之意，后引申为培养人的兴趣、精神与智能。文化概念最先由英国人类学家爱德华·泰勒（Edward Tylor）于 1871 年在其著作《原始文化》（*Primitive Culture*）中提出，他认为："文化或文明，从其广义的人类学意义上讲，是一个复杂的整体。它包括人们作为社会成员所获取的知识、信仰、艺术、道德、规范、习俗以及其他能力与习惯（Culture, or civilization, taken in its broad, ethnographic sense, is that complex whole which includes knowledge, belief, art, morals, custom and any other capacities and habits acquired by man as a member of society.)"。1974 版的 *The New World Encyclopedia* 将 "Culture" 界定为："文化是某一群体所共享的精神、知识与艺术观点的总和，包括这个群体的传统、习惯、社会风俗、道德、法律、社会关系等。从社会学意义上说，任何社会和阶层都有自己的文化。(Culture is the totality of the spiritual, intellectual, and artistic attitudes shared by a group, including its tradition, habits, social customs, morals, laws, and social relations. Sociologically, every society, on every level, has its culture.)人们从不同角度对文化概念进行的界定，投射出不同的文化研究视角。马莱茨克(Maletzke)（ 1996:42 ）指出：同一概念界定的不同实质上所表现的是文化基础的差异。

文化有广义与狭义之分。广义的文化又称为"大文化"，包含与自然存在本质区别的一切人类成果。梁启超在《梁启超论中国文化史》中提出"文化者，人类心能所开释出来之有价值的共业也"，其中"共业"涵盖诸如器物、认识、规制、艺术等领域。狭义的文化亦称之为"小文化"，即通俗意义上的"文化"，专指人类精神创造活动及其结果。本章所探讨"文化"为广义上的文化，是一个国家、地区或民族的历史、地理、风土人情、传统习俗、生活方式、文学艺术、行为规范、思维方式、价值观念等的集合体。

二、翻译学视域下的文化翻译

1. 翻译研究中文化翻译的定义

翻译研究中最早对文化翻译进行正面界定的应当是尤金·奈达与查尔斯·泰伯(Charles R. Taber)，他们在合著的《翻译理论与实践》(*The Theory and Practice of Translation*)中提出，文化翻译就是"改变信息内容以便在一定程度上适应译语文化的翻译，或者将原文中清晰无误的信息传达给译语文化的翻译。文化翻译与语言学翻译相对"(2004: 201)。

马克·沙特尔沃思(Mark Shuttleworth)和莫里亚·考伊(Moria Cowie, 2004: 35)编撰的《翻译学词典》(*Dictionary of Translation Studies*)将文化翻译定义为：

文化翻译亦称文化方法，指翻译作为跨文化和人类学研究工具的翻译形式，或指任何除了语言因素，还关注文化因素的翻译。所关注的文化因素包括以透明文本的形式向译文读者传递原文文化的信息，或者在译语文化中发现与原文文化的"文化对等词"。文化翻译的译者认为每一种语言都包含特定文化的因素，每一个文本都同一个特定的文化相关。文本的生产和接受都因不同的文化而异。

从上述定义可以看出，沙特尔沃思和考伊提到了文化翻译的四个层面：第一，视文化翻译为一种文化方法；第二，视文化翻译为跨文化的翻译方式；第三，将文化翻译看作一种人类学的研究工具；第四，文化翻译过程中应树立文化意识，寻找"文化对等词"来传递文化意义。

方梦之（2011：305）在《中国译学大辞典》中提出：

文化翻译着力于对文化内涵的准确传达，甚至基于本土文化视角的重新解释。即用一种语言表达的文化内容转换成另一种语言的表达形式，其忠实与否在很大程度上取决于译者对所涉及的两种语言的掌握程度以及这两种语言在内容表达上的细微差别。研究翻译本身就是一个文化问题，尤其涉及两种文化的比较研究。

与奈达的文化翻译定义进行对比，笔者发现二者的界定角度不同，方梦之是从源语角度进行定义，是基于本土文化视角的重新解释；而奈达则从目标语角度进行界定，强调文化翻译时调整信息内容以适应目标语文化。

《劳特利奇翻译研究百科全书（第二版）》（*Routledge Encyclopedia of Translation Studies*）指出文化翻译在不同的学科语境中有不同的含义，并从两大方面对文化翻译进行了描述：其一，从与语言学翻译或语法翻译相对的文化翻译进行定义，认为文化翻译主要指文学翻译实践中协调文化差异，传递文化背景，或通过翻译再现另一种文化的翻译；其二，以翻译的隐喻视角来探讨文化问题，作者采用大量篇幅讨论了"人类学中文化的翻译"以及"作为杂合身份认同的文化翻译"问题（Kate Sturge, 2010: 67-70）。

从上述定义可以看出，文化翻译的内涵与外延随着我们对翻译认识的不断深入而发生了变化。如王宁（2006：9）所言：

我们今天所提出来的翻译概念，已经不仅仅是从一种语言转变成另一种语言的纯技术形式的翻译，而且也是从一种形式转化为另一种形式，从一种文化转化为另一种文化的"转化""阐释"和"再现"，这种转化和再现恰恰正是通过语言作为媒介而实现的。

2. 翻译研究的文化转向与文化研究的翻译转向

早在 1954 年，卡萨格兰德（Casagrande, 2005: 6）就指出："翻译不是翻译语言，而是翻译文化"。随后，1990 年，苏珊·巴斯内特（Susan Bassnett）与安德鲁·勒菲弗尔（Andre Lefevere）在他们主编的《翻译、历史与文化》（*Translation, History and Culture*）一书提出"翻译研究的文化转向"（Cultural Turn in Translation Studies）与"文化研究的翻译转向"（Translation Turn in Cultural Studies）。翻译研究的文化转向实际上就是翻译研究的重心由文本转向文化，将文化研究中的相关问题放在翻译的隐喻之下进行审视（Munday, 2010: 127）。

文化研究中的翻译转向则表示在社会和历史的语境中，文化研究和翻译研究存在许多共同的研究命题，翻译的跨文化对话性质，文本转换过程所表现出来的文化操控和权力话语对文化研究从单一文化走向多元文化和跨文化研究具有重要的借鉴意义（Bassnett, 2001: 18）。无论是翻译研究的文化转向还是文化研究的翻译转向，实质上是翻译研究与文化研究两个学科的融合，探讨的都是翻译与文化的关系问题，二者形成一种合力推动了翻译研究与文化研究的发展。

自文化转向以来，翻译研究随着产生了一系列转向，如"社会学转向""伦理学转向""视听转向"，等等，使得译界学者们晕头转向。笔者认为，所谓转向，仅仅是一种翻译研究视角或范式的转变，是一种跨学科研究的尝试，而不应该是对原研究范式进行代替式的彻底摒弃。翻译研究的文化转向实质上是人们对翻译认识与研究不断加深，将翻译研究的重心从封闭的语言结构内部走向了语言的外部文化语境。

3. 翻译研究的文化方法

翻译研究的文化方法是相对语言学研究方法而言凸显翻译研究中文化重要性的方法，主要包括汉斯·弗米尔（Hans J. Vermeer）、赖斯（C. Reiss）和诺德（C. Nord）的翻译目的论，伊文·佐哈尔（Even Zohar）的多元系统理论，吉登·图里（Gideon Toury）的描述性翻译理论，西奥·赫曼斯（Theo Hermans）、勒菲弗尔等人的翻译操纵与改写理论，谢莉·西蒙（Sherry Simon）和路易斯·冯·弗洛托（Luise Von Flotow）的女性主义翻译理论，贾亚特里·斯皮瓦克（Gayatri C. Spivak）的翻译政治论，以坎坡斯（Haraldo de Campos）兄弟的巴西食人主义翻译理论等。这些翻译理论的共同特点是突破了传统翻译研究的语言学束缚，将翻译研究的方法论视角转向了文化。某种程度上说，弗米尔、赖斯、佐哈尔、图里的翻译理论为翻译研究的文化转向奠定了基础，吹响了号角；而1990年之后赫曼斯、勒菲弗尔、西蒙、斯皮瓦克、以坎坡斯兄弟等人的翻译理论则明显受到了文化转向研究范式的影响。

自从有了翻译活动，文化翻译就一直存在，只不过随着翻译研究视角的转变，文化翻译呈现出不同的内涵与研究侧重点罢了。以1990年巴斯内特与勒菲弗尔提出的文化转向为节点，在这之前，翻译研究中的文化翻译侧重于文学翻译中语言所承载的文化因素研究；而在文化转向后，文化翻译逐渐转向文化现象的整体研究。无论是只关注文本中文化因素的文化转向前期翻译理论，还是将翻译研究扩大至广义文化现象的理论，都是研究翻译与文化的关系问题，都是以文化为切入点对翻译所进行的研究，从方法论上讲都是翻译研究的文化方法。

三、文化研究视域下的文化翻译

1. 后殖民文化研究中的文化翻译

霍米·巴巴（Homi K. Bhabha, 1994: 212）在《文化的定位》（*The Location of Culture*）一书中将文化翻译几乎等同于"离散""迁徙""第三空间"，

这本质上是一种后殖民视角的跨文化研究。在此视角之下，文化翻译不再与语言相关，而成为一个理解文化现象的隐喻。巴巴取翻译"移动，挪动"的原初之意，将翻译看成一个文化建构的过程，翻译即文化的构成，翻译本身就是文化。他用文化翻译一词来解释离开故土而在所到之地缺乏身份认同的文化生存现象。离开家园而迁移到另一地方的学者，生活在既不属于故土文化又不属于迁入地文化的尴尬境地，他们由一种确定的文化状态被"翻译"成了"离散"或"第三空间"的文化状态。所以文化翻译与后殖民研究中的文化迁徙、文化离散、文化杂合并无两异，表现的都是一种后殖民语境下的文化生存状态。后殖民研究的文化翻译是以翻译的隐喻性为视角的文化状态与现象研究，并不真正涉及具体的文化翻译，正如垂文狄（Harish Trivedi, 2005）所述，如果殖民话语中的文化翻译有一件事情做不到的话，那就是不能翻译文化。

2. 文化研究中的文化翻译

桑德尔·赫维（Sandor Hervey）和伊恩·希金斯（Ian Higgins）在他们的专著《翻译的思考》（*Thinking Translation*）中提出了文化移植（Cultural Transplantation）、文化借用（Cultural Borrowing）、文化置换（Cultural Transposition）等手段来解决跨文化交流中的文化翻译问题。此外，戴维·卡坦（David Katan）从文化认知的视角，将源语文化与译语文化视为不同的文化框架（Cultural Frame），提出文化框架构建（Framing Culture）、文化框架转换（Shifting Culture）与文化框架序列（Array of Frames）来讨论文化框架间的相互转化问题。

后来，刘宓庆在《文化翻译论纲》中提出了文化翻译的新概念，在文化矩阵中审视语言整体，强调主体的文化信息感应能力与文化意识。王秉钦在《文化翻译学——文化翻译理论与实践》中提出构建文化翻译学的设想，认为文化翻译学包括语言国情学与跨文化交际学。其中语言国情学主要探讨语言所承载的文化内涵，而跨文化交际学则侧重研究语言的文化背景以及文化现象等。

概括来说，文化研究视域下的文化翻译是将翻译的隐喻性作为工具，对某一区域或群体的文化整体、文化状态、文化现象进行研究。后殖民话语中的文化翻译凸显了翻译的隐喻性与借代性，并不涉及语言对比与文化差异研究。对翻译研究中语言分析与跨语言转换的剥离，有可能会造成过度夸大翻译过程中文化背景与文化现象的重要性。甚至有学者提出，这种研究倾向最终会使翻译研究成为一个空泛的研究领域，并让翻译研究最终消解在其他学科视野中。虽然给翻译研究带来了一定的消极影响，文化视域下的文化翻译研究一定程度上扩展了研究视域，比如：从文化离散的视角看待翻译，可为翻译的异化、归化之争提供一个避免暴力形式的第三空间。

四、人类学视域下的文化翻译

"把关于异地人群的所见所闻写给和自己一样的人阅读，这种著述被归于'民族志'"（高丙中，等，2006：6）。民族志是人类学中对他族文化的一种写作方式，是社会人类学家与文化人类学家的文字化研究成果。它与翻译有很大的相似性，主要体现在三个方面：第一，二者都是对他族文化的阐释；第二，它们均涉及语言层面的转换，即将他族语言转化成本族语言；第三，二者的根本性质与终极目的均是跨文化的交流互动。上述三点是在人类学视野下阐释文化翻译的基础。民族志实践与文学翻译实践一样，都具有将他族文化译介给本族文化的跨文化特性（段峰，2016：24）。因此，民族志研究的主要问题就是翻译研究的问题，民族志实践本身就是翻译实践。早在1951年，戈弗雷·列尼哈特（Godfrey Lienhardt，1954：95）就将文化翻译视为民族志研究的中心任务。随后，塔拉勒·阿萨德（Talal Asad，2006：206）在民族志文化翻译的专论中提出：

学着过一种新的生活方式和了解另一种生活方式是不一样的。当人类学家返回自己的祖国，他们必须详细描写"他们的人们"，而且他们必须按照他们的学科、体制化的生活和更广的社会限定的再现惯例来这样做。"文化翻译"必须使自己融入一种不同的语言，已经确定的强大的生活结构的僵化，和其他的因素一道，最终决定了翻译的有效性。翻译是对一个特定的读者群说话，这个读者群正等着了解另一种生活方式，等着按照已经确定的规则来控制它所读的文本，而不是学习过一种新的生活方式。

凯特·斯特奇（Kate Sturge, 2010: 67）也以文化人类学为视角对文化翻译做了深入而全面的论述：

文化人类学中，文化翻译使用最为广泛，涉及翻译各个层面的问题。从实践角度来看，人类学的田野调查就涉及跨语言翻译。首先，由于语言不同，人类学家在从事实地考察时，会直接面对文化差异的存在。按克林福德的说法，人类学家在对某一民族文化田野实践时，他身心不得不体验到翻译的兴衰。另外，当人类学家将他们多角度和口头的观察体验以线性的文字记录下来时，这就不仅仅涉及语境，或者符际翻译了，而且是不同文化语境间的翻译。人类学家认为语言和文化在很大程度上过滤着我们的世界观，所以在不同的语言和文化语境之间来传达不同的世界观是非常困难的，不可理解性和不可翻译性由此而生。

在面临以上认识论上的困难下，民族志则要将他族复杂的文化记录下来，并以一种可以理解的方式传达给译语文化的读者。在此过程中，有多少他族文化的东西可以直接传达给译语文化读者，需要在多大程度上采取参考语境因素，挪用操纵的办法将改写他族文本的体裁与叙事方式，这是民族志文化翻译所面临的争论不休的问题。同文学翻译中的文化译者一样，民族志学者既要尊重"文化持有人的立场"，又要找寻到一条可以为译语文化读者所理解的方式，即要保持差异又要克服差异。在民族志实践中，如何平衡这两个目的没有一个统一的答案，孰轻孰重都与危险相伴，采取异化的方式强调差异性会被认为是一种文化沙文主义的体现；而采取归化的方式克服差异性则可能被视为霸权和权力的体现（转引自段峰，2016: 25）。

综上所述，民族志文化翻译实践是人类学学者们基于本族的文化框架来解读他族文化，并用本族语言书写他族文化的过程，是将他族文化文本化的过程。在这个过程中，人类学家们将整个他族文化作为翻译的对象，而且大多他族文化承载形式是口传性的，所以并无固定而具体的源文本存在，因此民族志文化翻译更接近翻译研究中的无本翻译。当然，随着后殖民文化研究的兴起，民族志式的文化翻译受到了种种质疑。根源在于，以本族文化框架以及本族语言来书写他族文化，不可避免地会过滤掉他族独特的文化思维与世界观，因此这种文化翻译本质上是将他族文化纳入本族文化框架内的一个改造过程，这种单向的文化归化违背了文化翻译的多元对话特性。此外，民族志文化翻译还忽视他族语言与本族语言对比分析的重要性。语言是文化的载体，忽视语言差异就意味着对他族文化的轻视，因此民族志文化翻译应该借鉴文学翻译的方法与经验，加强不同民族语言的差异分析，并从语言对比中寻找不同文化的异与同，并最终实现不同文化的多维交流与融合。尽管人类学视角下的民族志文化翻译有上述两大弊端，但其表演理论却可为翻译学中文化翻译提供新的思路与视角，尤其是对少数民族口头文学的文化翻译实践提供理论框架。

总之，翻译从文本的语言转化、文化意义传达到成为一个文化隐喻或转喻，再到民族志式文化书写，是当今多角度跨学科研究翻译的结果。只有从翻译学、文化研究、人类学等多视角认识了文化翻译的内涵，廓清了其外延，才能更好地从事文化翻译的实践。

第二节　景区文化翻译的种类

在讨论文化翻译的种类之前，有必要先探讨一下文化的分类。一般认为文化有两种分类观点，一种是三分说，一种是四构说（丁清梅，2014：2）。三分说将文化分成制度行为文化、物质生产文化和精神心理文化。其中制度行为文化指涉的是人与社会的关系，包含人类建立社会制度和人的行为规范活动及其成果；物质生产文化指涉的是人与自然的关系，包括人类改造自然、征服自然的活动及成果；精神心理文化指涉的是人与自我的关系，包含人类主体意识的创造活动的过程及成果。相应的，文化翻译也可分成制度行为文化翻译、物质生产文化翻译和精神心理文化翻译。景区中的诗词、对联、碑文以及民族聚集区的民歌等文化表演的翻译基本上都属于精神心理文化翻译的范畴。

四构说认为，文化由内而外可分成行为文化、心态文化、物态文化和制度文化四个层次。行为文化指人类在社会实践与人际交往中约定俗成的习惯性定式构成，以礼仪习惯、民俗风俗、宗教信仰、教育娱乐、社会生活方式等文化形态出现的见之动作的行为模式；心态文化指人类在社会实践和意识活动中长期孕育出来的价值观念、思维方式、社会心态、风土人情、审美情趣等主体因素，是文化的核心部分和精华部分，景区中到处可见的诗词、对联、碑文与民族聚集区随处可闻的民歌都是心态文化，它们的翻译也都是心态文化翻译。

柯平（1999：133-143）从文化人类学角度将文化分成技术—经济文化、社会文化、观念文化和语言文化四大类。以此类推，文化翻译可分为技术—经济文化翻译（如科技文化翻译）、社会文化翻译（如称谓词翻译）、观念文化翻译（如宗教文化翻译）、语言文化翻译（如文化承载词翻译）。也可以按文化所在的领域来划分文化翻译的类型，如旅游翻译、外宣翻译、标识语翻译、影视翻译、文学翻译等。此外，还可以从翻译研究专题的具体内容进行文化翻译的划分。本书中，笔者将把景区中常见的诗词、对联、碑文等静态文化形态与民族聚集区的民歌等动态文化形态，按照翻译内容分成诗词翻译、对联翻译、碑文翻译、景点专名翻译和民歌翻译五类。

一、诗歌翻译

我国诗词歌赋源远流长，尤以唐诗闻名于世。四川省人杰地灵，养育了许多伟大的诗人，如：李白、苏东坡三父子、陈子昂，杜甫也在四川生活过很长一段时间，他们给四川留下了丰厚的诗歌文化遗产。本章主要探讨位于四川省内的李白故里风景名胜区、三苏故里、陈子昂读书台、杜甫草堂四个景区里所展示的诗歌翻译以及六位诗人的其他诗歌翻译。

1. 古典诗歌的特点

《辞海》给诗歌下的定义为"文学一大类别，它高度集中地反映社会生活和作者丰富的思想和感情，富于想象，语言凝练而形象性强。具有节奏韵律，一般分行排列"。根据这个定义，我们可以归纳出诗歌的四大特点：第一，语言精练、含蓄、形象性强。精炼就是言简意赅，能高度集中地反映生活；含蓄就是言有尽而意无穷；形象性强就是富有生动传神的意象；第二，结构整齐并有韵律之美。诗歌分行排列，且每行字数相等，使整首诗歌结构整齐美观。韵律之美主要体现在节奏规则与声韵和谐上，其中节奏亦称为音步，指声音连续运动过程中的长短、强弱、高低、快慢交替出现而形成有规则的间歇与停顿。声韵就是和声与押韵的规律，指相同音色的反复出现以及句末同韵、同调的和谐；第三，感情强烈，想象丰富。诗可以兴，可以观，可以群，可以怨。诗言志、歌咏言。诗歌表现了诗人的强烈感情和丰富的想象；第四，富于修辞。古典诗歌常用赋比兴及对仗、夸张、拟人等修辞手法。赋就是直接叙述事情的概况，直接抒发自己的感受。比就是运用比喻和打比方。兴有赋和比喻的双重作用，兼有象征、寄托、联想、发微等多种意义。

2. 古典诗歌翻译中的文化翻译

美国学者罗伯特·佩恩（Robert Penn）在译著《白驹集》（*The White Pony*）序言中曾写道："要了解一个民族，最好的办法莫过于读他们的诗歌。中华民族自有史以来即吟诗作歌，并且一直认为诗歌（诗与词）是自己文化中的奇珍异范。他们创作的诗歌超过世界其他民族诗歌的总和。"诗歌翻译是文学翻译的一个重要组成部分，中国的古典诗歌通过翻译在世界文坛上占有极其重要的学术地位。文学是一种重要的文化活动，作为一种文学体裁类型的诗歌能反映一个民族的文化精神；换言之，一个民族的文化精神必定会制约诗人的情怀。因此，从某种意义上来说，中国古典诗歌的翻译就是一种文化翻译，诗歌中和谐的韵律、整齐的结构、凝练的语言、深刻的内涵、高深的典故、生动的意象以及丰富的修辞无不彰显着中国古代独特的文化。

3. 古典诗歌的翻译原则

与其他文学类型相比，中国古典诗歌拥有独特的艺术特征，因此不能用文学翻译的一般原则来进行翻译，需要另建立一个有章可循的古诗英译理论体系。但在提出古诗的翻译原则之前，有必要概览一下我国的各种翻译原则或标准。

自严复提出"信达雅"之后，中国的翻译标准基本未突破这三个标准的桎梏。林语堂的"忠实、通顺、美"、林以亮的"心灵契合"论、钱钟书的"化境"、傅雷的"神似"、许渊冲"意美、音美、形美"的三美论、刘重德的"信达切"基本上都是对严复标准的修改或发展。

中外译者对中诗英译提出了各自不同的原则。吴钧陶关于诗歌翻译的原则是"以诗译诗"，即严格按照原作的诗歌形式尽最大地可能传递原诗的面貌。原作是诗歌，最好不要把它翻译成散文；原作是严谨的古典格律诗，最好不要把它译成现代自由诗。与之相反，翁显良则主张把格律诗翻译成散文体，他认为"译诗不是临摹，似或不似，在神而不在貌。更不必受传统形式的束缚，押韵不押韵，分行不分行，一概无所谓，岂不自由得很？"刘重德认为：译诗必须是一件形神兼备的艺术品，保存诗歌的艺术性，形音义三美均须追求。此外，他还主张译诗必须要坚持"信达切"这三个原则。所谓"信"，即忠实于内容，最大限度地保留原作的意义与意境；所谓"达"，即在译诗表达上达如其分，适于原诗文字的深浅程度；所谓"切"，即要切合原诗的风格。我们不难发现，这三个基本原则是严复"信达雅"的继承与发展。刘重德（1993：33）在《翻译原则再议》中写道：

"雅"实际上只不过是风格中的一种，翻译起来，不能一律要"雅"……"切"是个中性词，适用于各种不同的风格。的确如此，原诗不雅，奈何以雅译之？将"雅"改"切"，良有以也。"信达切"乃翻译之根本。"信若不忠，译必谬误"，"达之不及"，实为不"信"，"达"而过之，也属不忠；"雅"之无据，全然胡编，"切"之不当，难以见"信"。可见"信达切"缺一不可。

他的这段论述很好地论证了"信""达""切"三个标准之间的相互关系。许渊冲提出译诗需要追求"意美、音美、形美"的三美标准,三美之中,最重意美,音美次之,最后是形美。也就是说,诗歌的翻译要做到神似胜于形似,要在传达原文意美的前提下,努力做到三美齐备。此外,译诗还应当是一种有根据的再创造。这意味着译诗时,既要保持原状,又要适当地灵活变通。对此,宋颖豪教授曾说,译诗要"入于诗,出于诗,只见诗,不见人"。

美籍华人及汉学家们也在古诗翻译的实践中,提出自己独到的英译原则与标准。以柳无忌为代表的美籍华人兼顾译文的可读性与准确性。他们坚持"翻译旨在以符合习惯的英语来保存原文的特色,包括大部分语法和风格特点;不过,除极少情况,未曾试图重现原诗的韵式"。理雅各主张"翻译之目的素为忠于原作",将《诗经》译成了英文的韵体诗。翟理斯为了使英文尽可能地传递唐诗的诗风与文化,采取直译并且押韵的诗体形式。韦利则强调依据原文逐字逐句地直译,采用不押韵的自由诗体形式。因为他认为译文勉强凑韵会因形害意,损害原文。

4. 景区中古典诗歌的翻译原则

景区中古典诗歌的翻译兼具诗歌翻译与旅游翻译的特点,既要再现原诗的风貌,又要传递其承载的文化,让外国游客领略到原诗歌中所蕴含的文化韵味。因此,笔者认为景区中的古典诗歌翻译不同于文学作品中的诗歌翻译,在英译时还要考虑其文化传递与旅游服务的功能。鉴于此,笔者认为提出景区中古典诗歌的翻译原则应是:在达意传神的基础上最大限度地追求文化传递与旅游服务。"达意"是翻译的基础,只有"达意"才能传递原诗的神采。反过来,"达意"不是僵化的表达原意,而是要"传神"地"达意""传神"是诗歌翻译的精髓。此外,诗歌在景区中是为了塑造文化环境,让游客通过阅读译诗来体味并享受这种文化氛围,所以文化传递与旅游服务的翻译指导原则也不能忽略。一旦丢掉了这两个指导原则,景区中的诗歌翻译就与书本上的诗歌翻译并无两异。综上,景区中诗歌翻译的原则必须在达意传神的基础上追求文化传递与旅游服务。

（1）达意。

所谓达意，即表达原意。要准确地表达原意，不仅要做到字词达意，还须做到修辞达意。如杜甫《兵车行》中"边亭流血成海水"一句，明显运用了夸张的修辞，在英译时需要保留，否则就无法表达武皇为了开拓领土，连年征战边疆，不顾士兵将士死活的惨状，就无法表达诗人对人们遭受战争疾苦的同情之心。因此，应将此句英译为"The border has become a sea of blood"，不仅沿用了原诗的修辞，还保留了原来的意象"海水"。再如杜甫《丽人行》中的"杨花雪落覆白苹"，英译成"Willow catkins fall like snow, covering the white clover"也保留了比喻的修辞，形象地再现了杨花像雪花一样飘落的场景。

（2）传神。

景区中古典诗歌的英译，以文化传递与旅游服务为主要目的。这一目的决定了我们在翻译时要尽可能地保持原诗歌的风貌，为游客再现原诗歌生动逼真的形象。我们可从形似与神似两方面来保持原诗的风貌。形似就是我们通常所说的"以诗译诗"，诗节的行数、诗行的长短、节奏和韵律等形式尽可能地做到相近。由于英汉两种语言结构以及文化的差异，在诗歌翻译上做到形式相同几乎是不可能的，我们所能做到的只能是最大限度的相似。例如：

春夜喜雨

杜 甫

好雨知时节，当春乃发生。
随风潜入夜，润物细无声。
野径云俱黑，江船火独明。
晓看红湿处，花重锦官城。

Happy Rain on a Spring Night
Du Fu

Good rain knows its time right,

It will fall when comes spring.

With wind it steals in night;

Mute, it wets everything.

Over wild lanes dark cloud spreads;

In boat a lantern looms.

Dawn sees saturated reds;

The town's heavy with blooms.

这首诗歌是杜甫对春雨的描写，原诗八行，每行五言，偶行押韵；译诗也为八行，每行基本三步，隔行押韵。从形式上看，译诗大致保持了原诗的形式，基本上做到了形似。

传神更重要的一个方面是神似，即在精神实质上的对应或相似。从这个角度上说，神似必须要做到达意才行，如果连原文准确的信息传达都做不到，何谈神似？

因此，字词达意与修辞达意是神似原则的前提与基础，神似是达意基础上的对应与相似。上面这首杜甫《春夜喜雨》的译文就很好地做到了这一点。从字词达意上看，将"潜"字的翻译成"steal"、将"细无声"译成"mute"可谓传神，仅此一字一词即可表现出春雨的绵绵、静谧与润物无声。而从修辞达意上看，原诗"好雨知时节，当春乃发生"运用拟人修辞来表现春雨像人一样仿佛知道时间般地如约而至；对应的译文"Good rain knows its time right, It will fall when comes spring."中的"know"保留了原诗的拟人化修辞，做到了修辞达意。本诗的英译实现了字词达意和修辞达意，从而最大限度地做到了诗歌整体风格的神似。

诚然，诗歌不像非文学文体那般语义单一，而总是给人以多样化的想象空间。古典诗歌则由于时间的推移与语言的进化而给我们今天的译者带来巨大的理解难题，所以译诗要做到传神绝非易事，完全地形似与神似几无可能，形似不易，神似亦不易，形神兼似犹不易。虽然诗歌英译如此之难，我们却不能因此而否认诗歌的可译性，与其坚持"诗歌不可译"的悲观论调，倒不如恪守"诗歌可译性限度"的尝试精神；虽然原诗与译诗在形式与神韵上做到完全对应或相同几无可能，但可以做到最大限度的近似。而且，诗歌不可译论势必会影响译者翻译诗歌的信心，某种程度上阻碍诗歌这种文化承载形式的对外传播，更加不利于不同民族文化间的交流。因此，笔者认为古典诗歌是可译的，景区中古典诗歌的翻译兼具诗歌翻译与旅游翻译的特点，需要坚持"在达意传神的基础上最大限度地追求文化传递与旅游服务"的翻译原则。文化传递与旅游服务的翻译指导原则不可或缺，这是由景区中的诗歌翻译的旅游翻译特性决定的。一旦将其丢掉，则与书本上的诗歌翻译并无两异。

二、楹联翻译

同诗歌一样，楹联也是一个民族语言存在的形式之一，它既是中华民族特有的一种文学形式，又是我国古代文化遗产的一部分。中国的人文景区里一般都修建有亭台楼阁，且古代的文人骚客又好题写楹联，所以楹联在景区可谓随处可见。但如何让海外游客领略中国楹联文化的传神与美妙一直是翻译工作者的巨大挑战，相关翻译理论研究以及翻译实践也非常有限，这经常让外国游客望"联"兴叹。本部分，笔者从楹联文化特质入手，从理论上讨论楹联的可译性与不可译性问题、楹联英译的对应形式、楹联中文化意象翻译的语用对等原则，旨在为楹联的翻译理论与实践做一点有益的尝试，以期为外国游客提供更好的语言与文化旅游服务，促进中西文化的有效交流。

1. 楹联的语言与文化特质

楹联由律诗中的对偶句演化而来，是游离于诗赋、散文、成语、谜语、戏曲等创作以外的艺术。它由一音一字的汉语方块字组成，常见的楹联按照字数可分为五言联、七言联以及长联；按对应手法又可分为隔句对、双拟对、连绵对等。虽然楹联有如此之多的分类，但就结构而论，最常见的为律诗句式。清朝道光年间梁章钜的《楹联丛话》深入研究了楹联美学，他指出，一副好的楹联，必须形式"工"，内容"切"。"工"是形式上的要求，即对仗要工整，具体来说就是词性相对，虚对虚，实对实，且位置相同。此外，平仄也最好能够相对，及上联的一个"平"字对下联一个"仄"字。"切"是内容上的要求，要切人切事切地，具有很强的针对性，因为楹联大多是应人应事应景而作，诸如题赠、哀挽、贺勉，等等。此外，上下联内容要相关，衔接连贯，且不能重复。"梁章钜就对联的美学鉴赏有独到之处：形式要工稳，稳中求巧妙，即"工巧""工妙"；对而能速，谓之"工敏"；巧妙至极，是所谓"工绝"。在他看来，切人切事切地之作，均为佳作，反之可移易、可搬动的楹联，不得谓之佳联"（王志娟，2012：66）。

概括起来，楹联具有六个特征：字数相等、词性相对、节奏相合、平仄相协、结构相应、意义相关。符合上述所有六个特征的楹联，我们称之为"严对"，如"风声、雨声、读书声，声声入耳；家事、国事、天下事，事事在心"，无论是虚实相对还是平仄都对都非常工整。"风声"对"家事""雨声"对"国事""读书声"对"天下事"，这三对都是偏正式的短语结构；"声声入耳"对"事事在心"，二者均为"叠词+动宾"结构；而且上下联的平仄相对也十分工整：

○平○平○○平，○平○仄；

○仄○仄○○仄，○仄○平。

在词性、结构或平仄结构方面不完全符合上述六个特征的楹联，我们常称之为"宽对"，如杜甫的"读书破万卷，下笔如有神"，词性相对但平仄相对不是特别严格，"万卷"与"有神"词性不相对，而且平仄对应为"平平仄仄仄，仄仄平仄平"。"有"字与"破"均为"仄"，也并没有相对。

2. 楹联的可译性与不可译性

地理环境、经济制度以及哲学观念的不同造成中西方文化思维方式上的巨大差异。从哲学观念与文化体系的角度来看，中国文化深受儒家哲学和道德文化的影响，强调"合和"；而西方文化总体来说是基督教文化，注重分析，由此就形成了一种侧重整体思维，一种侧重个体思维的中西方文化差异。罗伯特·卡普兰（Robert Kaplan，1966：1）指出文化思维对语言及话语模式有重大影响，他认为西方的文化思维模式是直线型的，而东方人则是螺旋型的。此外，生活方式的差异也决定了汉英两种语言的差异，每种语言在各自的社会、地理和人文环境中形成了各自的内在规律和逻辑思维。综上所述，思维方式和语言内在规律与逻辑的差异共同导致了中西方文化的表达方法、修辞方式、表达结构、表达顺序和用词等方面的较大差异。这些差异性造成了楹联的不可译性，具体表现为楹联中典故的文化意象在西方文化中的空缺与错位，以及语言形式结构的不可对等性转换。

翻译因语言与文化的差异而生，又以在差异中寻找共同性为目的。过分夸大不同文化与语言间的差异性必然会导致不可译论的消极观点。针对不同民族间的文化差异，苏珊·巴斯奈特（Susan Bassnett）提出了功能主义的观点。她认为，在文化功能等值的过程中，译者有较大的主动权，可以灵活地重写甚至打破原文的文学形式。翻译究其本质是一种文化活动，将源语的文化信息传递给译语读者是翻译的根本任务。景区中楹联翻译的最终目的是文化传递与交流，其翻译应以文化功能的等值为根本指导原则，放弃词性相对、节奏相合、平仄相协、结构相应等方面的语言形式，最大化地追求文化意义的传递。由此，语言形式的不可译性转化成了文化意义的可译性。但中西文化也有极大差异，文化含量越重的语言翻译起来越是困难。楹联中含有大量的典故，这些典故里的文化意象在西方文化中是空缺或错位的。面对这种文化的差异及空白，我们完全可以从译语读者接受效果的角度对其重新审视，将原语文化的功能转译到译语文化中，达到功能等效的目的（廖七一，2001：370-372）。当然，这就要求译者在翻译时，不但要对文化与典故做出正确的理解，还要在翻译时以省略、意译、加注等方式进行合理转化，尽量做到让译语读者明白畅晓。

楹联具有字数相等、词性相对、节奏相合、平仄相协、结构相应、意义相关六大独特性，其中前五种独特性可归结为形式的独特性，最后一种为意义方面的要求。由此，笔者发现楹联翻译最大的障碍实质上在于其结构形式的不可对等转换性。如果我们因此而认为楹联不可译，那么楹联这份饱含中国特色的民族文化遗产就永远局限于国门之内，外国游客也只能在景区中望"联"兴叹。越是民族的越应该是世界的。我们应该想办法跨越这层结构形式上的障碍，促进中国文化走向世界。景区楹联的翻译本质上是一种文化翻译活动，我们完全可以从其文化交流的目的视角解决这种翻译障碍，不必纠结于一音一字的对等，打破楹联的结构形式限制，在尽量做到形式对应的基础上追求文化功能的等值。由此，文化功能等值的视角将楹联形式上的不可译性转化成文化意义的可译性。楹联的文化意义传递难点集中在其包含的大量历史文化典故的转换。面对文化典故翻译的困境，从译语读者接受效果和旅游语言服务的视角来重新思考便可迎刃而解。总之，笔者认为虽然楹联较诗歌、散文等其他文学形式的可译性较低，但这并不能否认景区楹联的可译性。如下，笔者就以实例对楹联英译的对应形式、楹联中文化意象翻译的语用对等原则做一具体探讨。

3. 楹联英译的对应形式探讨

在上文讨论楹联的语言与文化特质时，已谈到楹联由律诗中的对偶句演化而来，而且其主要的结构形式为律诗句式，与诗歌具有很多类似的特点。那么为什么不能在充分考虑其独特形式的基础上，参考诗歌"以诗译诗"的翻译思路来"以诗译楹联"呢？英国翻译理论家西奥多·萨瓦里（Theodore Horace Savory）认为：

以诗译诗，在形式上更和原文相似，而且还提供纵情使用修辞格和原文所包含的变异词序的机会……总的来说，诗激发起的情感力度远远强于散文。因此，如果以散文译诗，译者便自折一臂，未曾先译，便在情感力度的传达上先输一筹。（廖七一，2001：63）

形式美对楹联翻译的重要性是不言而喻的，"以诗译楹联"也并不意味着舍弃了其独特的结构形式，也并不是在规避其结构形式的不可译性。因为，"楹联语言结构形式的不可译性"本身是个伪命题。众所周知，汉语和英语属于不同语系的不同语言，它们在形式上不可能具有对等的可转换性。

况且，由于文化的差异，与楹联这种形式完全一致的对等物在英语中根本不存在。所以，翻译做到形式与内容上的完全对等只能是一种崇高的理想，语言形式的完全对等转换更是遥不可及的奢望。我国著名诗人、翻译家卞之琳也说过："尽可能在内容与形式上忠于原作，实际上就是在本国语言里相当于原作"（转引自王佐良，1990：4）。据此，我们不可能在英语中找到与汉语楹联完全一致的形式，但我们可以寻找相似度最大的形式。

那么，在英语中与楹联最相似的形式是什么呢？笔者认为是双韵体（Couplet），被称为双行体、押韵对句（Distich），它是英语中最短的诗体形式。双韵体与楹联起码在四个方面有极大的相似之处：第一，在英语文学中，双韵体格律一致，且每双行押同韵，能充分体现出这两行诗的内在联系，类似于楹联节奏相合、意义相关、上下衔接的特性。虽然楹联并不要求押韵，但却要平仄相协，因此脚韵互押也可以从一定程度弥补因语言文字差异而无法实现平仄的缺失。第二，双行体诗可表达的主题内容丰富，可严肃、可轻松、可说教、可讽刺，这与楹联的"切人切事切地，应人应事应景"相吻合。第三，楹联有长有短，常见的有五言联、七言联以及长联；双韵体也可长可短，适合长度不等的楹联形式。第四，每个楹联通常是一个完整的意义单元，在语法上也是一个完整的结构；双韵体也常常作为长诗中一个意义单元出现，因此它的意义具有相对的独立性。此外，"楹联"常常英译成"Couplet"。综上四大相似点，笔者认为英语的双韵体是汉语楹联英译的最佳对应形式。如下面楹联的翻译：

> 青霞缥缈丹崖峻，
> 碧波浩荡紫殿高。

> Floating jade clouds foil the cliffs ruby and soaring,
> Boundless emerald waves heave the temples purple and towering.

双韵体译文每行九个词，而且"Floating jade clouds"对应"Boundless emerald waves"，且均为"*adj.+n.*"结构的名词短语；"foil"对"heave"，均为动词；"the cliffs ruby"对应"the temples purple"，都是"*n.+adj.*"结

构；"soaring"对"towering"，为动名词。此外，译文还押尾韵"ing"，不仅符合字数相等、词性相对、结构相应、意义相关等楹联的特征，还表现出了双韵体的特质。

4. 楹联翻译中文化意象的转换原则

翻译学研究的内容按照翻译过程，实质上可分为解读与重构原文意义两大步，简言之，就是语言的理解与表达。语用学是研究语言使用与理解的学问，确切地说是研究发话人利用特定交际情景传递的语言意义，以及听话人对发话人所表达意义的理解，研究对象正好与翻译研究的意义解读与意义重构相吻合。此外，关联理论提出翻译是一个推理—明示的过程，正是运用了语义解码与编码的语用学原理。因此，我们可以语用等效为指导原则来处理楹联翻译中的文化意象转换问题。

楹联是文人们在特定交际情境下所表达的极具文化内涵的话语形式，楹联翻译应该是一个文化交际的过程。在这个过程中，译者需要尽力还原当时的交际情景，并依此来推理出话语形式所隐含的深层文化意义，然后用另一种语言进行明示。由于中西文化及语言结构的差异，楹联的翻译既是文化的传递也是文化的亏损，语用等效的原则可以将楹联翻译所造成的文化折扣降到最低，能够在尽力做好忠实于楹联的形式与内容的基础上有效地传递其语用意义。景区中的楹联翻译不应该追求一种文字对应另一种文字的简单释义，而应该追求更深层次的文化语用意义，实现楹联翻译的文化传递与旅游语言服务。语用等效原则要求我们在具体的楹联翻译实践中尽量保持源语中的文化意象，因为它蕴含着深厚的文化内涵。如果某一文化意象在译语文化中空缺，那么就应该将其深层的文化意义表达出来而舍弃源文化意象，以实现语用意义的等效传递。这种情况下，僵硬地保留源文化意象，只会适得其反，造成文化意义亏损，使文化交际活动大打折扣。如：

海市蜃楼皆幻影，
忠臣孝子即神仙。

Heavenly mirages are nothing but shadows of a shade,

Only the fame of true liege and filial sons shall not fade. （刘春芳, 2008: 79）

如果保留原文中的文化意象"神仙"，或者按照字面意义进行对应译成"God Divine"，则会造成文化意义的亏损，让海外游客一头雾水。因此，舍弃原文化意象，将"神仙"的深层文化内涵"长久永生"表达出来，一定程度上实现了文化意义的语用等效。再如：

读书破万卷，下笔如有神。

译文 1：Studies broken Wan Juan to start writing like to be bright.

译文 2：Ample reading produces fluent writing. （辛星，等，2002：39）

译文 3：The more one reads, the better one writes.

这一楹联出自杜甫的早期作品《奉赠韦左丞丈二十二韵》。从内容和写作背景看，表达的是诗人为跻身仕途而努力之时，对自己徒有才华、壮志难酬的满腔愤激之情。译文 1 将"万卷"直接音译成"Wan Juan"，必然会造成译语读者的理解障碍。而译文 2 则将"万卷""有神"舍弃并进行了抽象化处理，分别译成"ample"与"fluent"，然后用动词"produces"来强调上下两联之间的逻辑关系，以减轻译语读者的推理努力。译文 3 套用英语中常见的"The more...the more..."句型，增加了泛指人称代词"one"。

风声、雨声、读书声，声声入耳，

家事、国事、天下事，事事关心。

译文 1：The sounds of wind, of rain, and of reading aloud all fall upon my ears,

The affairs of the state, of the family, and of the world are all my concerns. （辛星，等，2002：15）

译文 2：Wind sound, rain sound, reading sound, sounds pleasing to the ears, Things to do at home, things to do of the country, things to do in the world, things I care about.

两个译文均保留了源语的文化意象，钱冠连指出："翻译的创造是语言符号范围之内的创造，涉及两个前提：首先是忠于原著，其次是不改变作者叙述语言与文学作品中人物话语的隐含意图。话语是跟着意图走的。语用策略也是跟着意图走的"（钱冠连，2002：161）。依据当时的交际语境，作者的话语意图是隐含的，"风声""雨声"隐含意义是"政治上的风风雨雨"，如果将其隐含意图进行直接明示，则违背了话语发起者的隐含意图。

"越是文化含量重的原语越是向不可译靠近。再高明的译家也阻挡不了原语的文化亏损，这与译家的译语是否精通几乎无关。有能耐的译家只不过是尽量减少文化亏损而已"（钱冠连，2002: 293）。楹联文化意象内涵极其丰富，且民族性极强，在翻译时要实现其文化意义完全对等传递几乎很难实现，不可避免地会出现文化折扣甚至文化亏损。从上述译例中也不难看出，语用等效原则并不意味着只追求语用意义而忽略甚至舍弃源语的文化意象，需要根据具体语境以及话语意图进行具体分析，语用等效原则是在尽量保留源语文化意象的基础上的语用文化意义等效。总之，语用等效原则也并不可能实现文化意义的完全对等，只能最大限度地指导我们在楹联翻译实践中减少文化折扣率与文化亏损度。

三、碑文翻译

（一）碑文的文本功能

依据语言的功能，彼特·纽马克（Peter Newmark）将文本分成表达型（Expressive）、信息型（Informative）和呼唤型（Vocative）三种类型。他认为表达型文本，往往使用夸张、比喻等修辞方法以及一些带个人印记的词语和句型，以表明作者的态度、情感及价值取向。此类文本包括小说、诗赋、散文等严肃性文学作品、政治性演讲、个人自传、信件等。景区中的碑文多以表达型的诗歌或散文为主，如位于四川省巴中市南郊南龛山顶四川将帅碑林景区的《将帅碑林赋》就是散文形式的。信息型文本主要是指传递信息和反映客观事实的文本，它的语言一般不带个人色彩，多使用常用的句型搭配，如教材、学术论著等。呼唤型文本则强调以读者为中心，其目的是促使读者按照作者的意图去思考、感受、行动，主要包括说明书、广告、宣传册。碑文作为旅游景点的重要组成部分，还具有为游客提供信息的信息型文本功能以及宣传、说明某一景点的呼唤型文本功能。

（二）碑文翻译原则及方法

碑文作为一种特殊的文学类型，其形式多为表达型的诗歌或散文，但作为旅游景点的一部分，又具有信息型和诱导型的文本功能。如何协调表达型、信息型和呼唤型这三种文本特性之间的关系是碑文翻译需要解决的首要问题。笔者认为碑文翻译应优先考虑信息功能的实现，然后依次是呼唤功能与表达功能。翻译功能理论告诉我们，译者需要采取不同的翻译策略或方法来实现不同的文本功能。功能学派的翻译目的论概括来说，包括目的法则、连贯法则和忠实法则；三个法则的从属关系依次为：忠实法则从属于连贯法则，连贯法则从属于目的法则，换言之，目的法则为翻译的第一法则（沈继诚，2005：69）。这三大法则的从属关系与文本功能在翻译时的优先顺序是一致的，要实现碑文在景区中的信息功能与呼唤功能需要遵守忠实法则与目的法则；遵守连贯法则是为了实现表达功能。目的论认为，翻译是一种有目的的行为，评价译文是否成功主要看它是否实现了文本的功能，是否达到了预期的目的。不难看出，目的论已不再把译文与原文是否对等作为研究的重点，而是强调基于原文分析以实现译文预期的功能为目的，选择最佳的翻译策略与处理方法。翻译是一种带目的性的跨语交际活动，翻译活动本身必然涉及对文本的处理。译者应根据不同的文本功能、翻译目的、目标读者等因素，制定翻译策略及制作不同的目标文本（张美芳，2016：6）。

纽马克主张对于以介绍源语文化为目的表达型文本，如诗歌、小说等应采取语义译法，即力求传达原文的语义内容，保持作家个人的感情色彩、文学方法、结构形式等；对于以目的语文化为归宿的信息型和诱导型文本，如技术资料、年报、广告、通知、旅游手册等则应采取交际译法，即注重读者的理解和反应，在格式、方法、措辞等方面力求符合该文体在译入语中的惯例（Newmark，1988：50）。总之，碑文翻译本质上是典籍英译与旅游景点翻译的综合体，这就决定了翻译时应以目的法则为指导，采用语义翻译与交际翻译相结合的方法，依次实现碑文的信息功能、呼唤功能与表达功能。笔者就以此为碑文翻译的理论依据，对《将帅碑林赋》进行翻译实践。

将帅碑林赋

　　川北巴中，蜀中名胜，资饶物阜，地灵人杰，然则时运多舛，山河羁虐，爰及二十世纪初叶，祸成频发，军阀混战，国之将倾，黎民倒悬，默默雄狮，猛醒于千年之昏睡，恢恢巨龙，顿悟于百代之沉酣，我红四方面军，顺天应人，二十万之众揭竿以应，激昂大义，捐身家以赴行伍，锐志革命，誓万死而谋解放，转战东西两线破田刘围攻，鏖兵大岭南北，克蒋氏会剿，旌麾所指，拔城摧坚，政教所施，民拥如潮，随之衔枚长征，出生入死，旨在复兴中华，餐风露宿，梦尝萦诸故土。

　　将士勋绩功业，彪炳千秋，光照史册，功臣告老，将军卸甲，惟官兵勇烈，恐将湮于时日，历史巨人于天安门城楼挥手，红军传人在大巴山深处忧思，如何摆脱王朝周率，怎样走出历史怪圈？惟有中共当代先锋张崇鱼与其同仁，复以苍劲之躯，发挥余热，艰苦创业，选址于红军鏖战之南龛山顶，建立一座不朽丰碑——川陕苏区将帅碑林，碑林既非政府立项，更少财政拨款，然纵横二百亩，耗资数千万，面积之大，规模之宏，全国之最，历史天货运成此景，人间万事出艰辛。碑林人筹款项收文物，赴省上京，遍步华夏，筚路蓝缕，行程四十万公里，如绕赤道九圈。求大大小小人物，看冷冷热热脸色，中共精英如此忠诚，巴山儿女这般坚韧，不亚于西游路上汗血白马。真可谓，想尽千方百计，走遍千山万水，说尽千言万语，历尽千辛万苦，树碑千块万名，流芳千秋万代，碑林依山而建，碑群错落有致，或拔地而起，或起伏蜿蜒，或鳞次栉比，蔚为壮观，人攀花枝走，心在碑中流，纪念像园，众像栩栩如生，伯坚造像从凡入圣，碑林长廊放射红军神韵，如织游人，悼念忠魂，楹联长廊，诗文并茂，珠联璧合，大气磅礴，引人入胜，英名纪念碑，嵌刻十万红军将士英名，庄严肃穆，令人顿生敬仰之情，纪念馆三大展厅，列展弹孔征衣，勋章军帽，件件闪烁个个红军光辉人生，历历再现滚滚硝烟战斗场景，标志碑火炬熊熊燃烧，延续革命精神，红军陵园四百余颗"红星"抗青山，抚碧水，听鸟语，闻花香，远观红日皓月交替，闲评人间古往今来，红军纪念碑巍然矗立，观景台环览四周景色，真可谓观光绝顶，名胜风情辉九域；景仰丰碑，忠肝义胆炳千秋。

革命业绩照史册，红军精神励后人，瞻仰将帅碑林，不是天竺取经，不是麦加朝圣，幸福来之不易，广厦居安思危，勿忘国耻，勿忘浩劫，勿忘仗义，勿忘济闲，走出历史怪圈，江山万古长青。

中华辞赋家联合会理事　　赵勇灵

二零零八年八月一日

Ode to Heroes' Stele Forest

Bazhong, North of Sichuan Province, is a place which is rich in places of interest, natural resources, and celebrities. However, in the early 20th century, frequent natural disasters and wars made our country a waste land and our people suffering. At this moment, 200,000 soldiers of Red Fourth Army rose up like a sleeping dragon to liberate the people in deep waters. They broke through Tian's and Liu's sieges from the east and west battle lines, and had many great victories. After that, Chiang Kai-Shek "Encirclement and Suppression" action forced the Red Fourth Army to rise their lives to have the Long March. They overcome different kinds of difficulties only for one goal: to revive China.

On October 1st, 1949, Chairman Mao declared the founding of the People's Republic of China. The achievements of the Chinese people's War of Resistance against Japanese Aggression heroes and generals shine through the ages and light the history, but descendants of Red Army in the depths of the Daba mountains worried that martyrs heroic anti-war deeds would be buried by the ashes of time. How to avoid the historical periodicity? How to walk out of the strange historical cycle? With his colleagues, the contemporary vanguard of CPC Zhang Chongyu, with vigorous and hard working, set up an immortal monument—Stele Forest of Heroes in Sichuan-Shaanxi Soviet Area on the top of Nankan Mountain located in the south of the red army fighting recess. The Stele Forest, as the largest one, covers 200 Mu and costs more than ten millions Yuan, but wasn't funded by government. Historical heritages constitute the magnificent scene; Overcome Hardships contribute all the things. Zhang Chongyu collected cultural relics one by one, and raised money yuan by yuan. He walked 400 thousand kilometers, equal to nine circles of the equator, and his steps covered all across China, in order to ask for supports of very important persons. His consistence and tenacity is no less than that of the white ferghana horse on the pilgrim to the west. What a great perseverance! What a great loyalty! And What a great contribution!

Down the hillside, 2288 steles wind ups and downs, which presents a splendid sight. Walking through the steles with flowers or branches gives you the feeling of the steles flowing in your heart. In the Statue Garden, Liu Bojian's statue and others' are as vivid as though they were living. The Stele Corridor, in memory of war heroes, draws a historical picture of Red Army's heroic deeds. While the Couplet Corridor is made up of Chinese couplets in precise diction, which is a great poetic scene.The Monument engraving tens of thousands of Red Army Soldiers' name is solemn and respected. In addition, there also locates three exhibition halls which display shirts with bullet holes during the Long March time, medals, army caps, all of which shine the glory lives of the Red Army soldiers and represent the smoky battle scenes. The ever-burning torch of Center Monument symbolizes continuation of revolutionary spirit. More than 400 "red star" are scattered in the Red Army Cemetery where you can listen to the birds singing, smell flowers, appreciate red sun and bright moon alternately, and talk about things through ages. The majestically standing Red Army Memorial Monument and its surroundings really deserve visiting.

Revolutionary achievements shine through ages; Red Army Spirit inspires future generations. Instead of a pilgrimage to Mecca, paying respectful visit to the Heroes' Stele Forest is to remind us of the precious happiness, to think of adversity in peace times. Paying a visit here is not to forget the national humiliation, not to forget the disaster, not to forget the righteousness, not to forget hardworking and plain-living, all in all, to walk out of the strange historical cycle, and to may our country last forever.

Zhao Yongling

Board Member of Chinese Ci Fu Association

August 1st, 2008

四、四川民歌翻译

景区的文化因素不仅以静态的文字呈现给各地游客，还以民歌演唱等动态形式生动形象地表现出来。不同于静态的文字呈现方式，动态的文化表现形式涉及视觉与听觉两个信息通道，翻译策略与方法也必然不同于印刷文本的翻译，某种程度上说，民歌翻译更应属于多模态文本翻译。四川省有藏族、羌族、彝族三大少数民族聚集区，这些少数民族都拥有自己独具特色的文化与文字。民歌是民族文化最常见的表现形式，也是少数民族地区打造文化旅游产业的重点。藏族、彝族、羌族民歌唱词浩瀚，文学艺术价值极高，2008年彝族民歌经国务院批准列入第二批国家级非物质文化遗产名录。如此绚丽多彩的民族文化应该让它在国际舞台上大放异彩。本部分以表演理论为关照进行跨学科阐发，从民歌的表演性特征出发，提出民歌英译须采用多元合作模式与民族志式的深度异化策略，即民歌所承载民族文化的异化保留、表演场域的多模态呈现及副语言描写、直译加注释的深度翻译，并对羌族民歌《高原女人》进行翻译实践①。

（一）民歌翻译的本质属性

本部分所论述的民歌是民族歌曲，主要是藏、羌、彝少数民族歌曲的简称，不包括民间歌曲。民歌是歌曲的一种类型，那么其翻译必然应从属于歌曲翻译。一般来讲，歌曲翻译包括两个过程：译和配，译即歌词（歌本）翻译，以歌词文学性的对等转换为首要目的；配即歌曲译配，使所译的歌词配合原歌的曲调，以歌词的演唱性与音乐性转换为首要目的，兼顾文学性。因此，民歌翻译实质上是一种歌曲翻译，而歌曲翻译的两个过程要求我们既要注重歌词的文学性，又要顾及民歌演唱的音乐性。概括起来，我们可以说少数民族歌曲英译是一种民间口头文学翻译，具有文学翻译与音乐翻译的双重属性。民歌英译要兼顾其文学性与演唱性，就必须同时遵循文学翻译与音乐翻译的策略、方法与原则，既要跨越英汉两种语言文化的障碍，又要协调译词与曲调的关系。

（二）民歌翻译的民外直接英译模式

关于中国少数民族口头文学的对外译介，美国学者马克·本德尔（Mark Bender）提出了三种模式：民汉外语言翻译模式，几乎不提供语境知识；民汉外语言翻译模式，但提供较丰富的语境知识；民外语言直译模式，提供非常详尽的民族志信息，包括民族志背景、表演惯例、表演者背景、原语言段落、田野工作者看法以及完整的文本化过程描述，等等（本德尔，2005：141）。前两种译介模式实际上是一种转译模式，即把民族方言土语先翻译或转写为汉语，再由汉语转译为外语，第三种才是一种无中介语的直译模式。本德尔认为，最后一种是少数民族口头文学外译的最理想方式，它不仅提供了详尽的民族志信息，而且避免了汉语作为中介语对少数民族

---

① 本部分的理论框架源自笔者已发表于《翻译界》第七辑的《表演与程式：民间口头文学"花儿"英译的民俗学视野》一文。

文化的过滤，能够更完整地展现少数民族文化。

目前我国兼通民、外双语的翻译人才较少，因此少数民族口头文学外译大都采用本德尔提出的前两种模式。但民汉外翻译模式不利于他族文化的陌生化与整体化表达，汉语作为中介语一定程度上起到了过滤器似的文化阻碍作用，在民族语到汉语的转化过程中会滤掉一些原汁原味的少数民族文化，可能会使民歌变成面向民族传统之外的人们的印刷读物。而且，少数民族歌曲多为口头形式传承，在外译前需先把视听文本转化成书写文本，这种文本化过程不仅会消弭民歌真实的表演情景，还会或多或少地渗入歌本整理者的理解与阐释，甚至二度创作。翻译犹如从一个酒瓶往另一个里倒酒，次数越多，洒得越多。民歌外译是一次"长途跋涉的文本旅行"，需经历文本化、汉译、外译三次"倒酒"的过程，它所承载的独特民族文化与审美必然会有所遗失。民外直译模式省掉了中间环节，避免了少数民族文化的过滤与归化，但兼通民、外双语的翻译人才在我国却又凤毛麟角。

三种译介模式各有利弊，少数民族歌曲到底应以何种方式对外译介呢？实际上，我们完全可以扬三种模式所长，避三种模式之短，开辟一条歌手、民俗专家、民汉译者（包括兼通当地方言土语与普通话的人）、汉英译者强强联手的多元合作之路。这样做有四大优势：第一，可最大限度地保留民歌的真实表演情景；第二，可在民俗专家的指导下更完整地彰显少数民族的民俗文化；第三，民外直译可最大化减少"汉语过滤器"的归化影响；第四，多语合作解决了因兼通民、外双语翻译人才短缺而需从汉语转译的问题。总之，歌手、民俗专家、民汉译者、汉英译者多元合作的民外直接翻译模式打破了民汉外三语隔阂，跨越了学科界限，能够更生动地将原生态的民族文化呈现在世界面前。因此，该模式是目前民歌英译的最佳方式。

当然，多元合作英译模式仅是一种宏观的指导思想，要想做好少数民族歌曲外译还需要提出具体的英译策略与方法。少数民族歌曲是一种典型的民间口头传承诗歌，与传统诗歌有着极大的差异，不能简单套用译介传统诗歌的方法，必须另辟蹊径。对民俗学的表演理论进行跨学科阐发，可为民歌英译研究提供新视角、新方法。

（三）少数民族歌曲的英译策略

表演理论（Performance Theory），兴起于 20 世纪 60 年代末 70 年代初，是注重口头文学情景化语境的民俗学重要理论。表演理论的学者队伍庞大，其中理查德·鲍曼（Richard Bauman）和伊丽莎白·范恩（Elizabeth C. Fine）影响力最大。鲍曼（1977：33）在他的著作《作为表演的语言艺术》（*Verdal Art as Performance*）中，比较系统地阐释了表演本质、表演标定、表演模式、表演即时性与创造性及表演的民族志考察等表演理论核心问题。鲍曼认为表演就是一种说话模式，一种交流的方式。因此口头诗歌可被阐释为特定语境中的民俗表演事件，民歌演唱最初实际上就是一种表达爱慕或相思之苦的表演。表演标定实质上是建构表演框架的过程，标定手段有比喻语言、平行式、副语言学特征等，民歌的起兴句式、定韵句等都是表演标定的手段。表演模式包括文类、行为、事件和角色，其中表演事件又有文化表演与日常表演之分。民歌的文化表演模式主要为"民歌会"，日常表演模式是荒山野郊、田间地头的即兴演唱。表演的即时性与创造性关注的是口头诗歌的创造过程及影响创造的两个因素：观众和表演者能力。它强调表演的独特性，这种独特性来源于特定语境下的交际资源、表演者能力和参与者的目的等之间的互动。表演的民族志考察，强调在特定的地域和文化范畴、语境中理解表演，将特定语境下的交流事件作为观察、描述和分析的中心（Bauman，1986：75）。

西奥·赫曼斯（Theo Hermans）在《翻译研究指南》（*A Companion to Translation Studies*）中指出：文学翻译的当下定义是由不同的演员在不同语境的表演来确定的（Hermans, 2007: 79）；意指在具体的文学作品翻译过程中，译者具有演员的所有质素，并像演员一样需考虑表演场景与观众评价。少数民族口头文学的对外翻译是一种表演形式，是一种在特定场合中的艺术表现形式和具有其内在规则的事件（段峰，2012：154）。民歌外译本质上也是一次表演事件，译者是这个过程中重要的参与者与表演者。但将口头诗歌翻译成书面文字时，歌手通过声音、手势、面部表情、身体动作所表达的意义，以及听众反应、情景描述等副语言因素不可避免地会丢失（王宏印、王治国，2011：16）。这就要求我们在外译时注重民歌表演场域的描写，着力于再现民歌的副语言因素，再现原文的声响与回应。如何最大限度地保留这些口头诗歌的表演情景，传译民歌演唱的这些活态特征？范恩的多符号翻译记录法为我们提供了借鉴。她发明了一套详尽而复杂的标记符号来标记口头表演中出现的各种手势、表情、声音等副语言因素以及它们的变化情况，以此制作的文本则称作表演文本（Fine, 1984）。因此，为了在译文中再现民歌的音韵、节奏等程式化前景特质，译者不妨通过添加语气词、注释说明等方法。在翻译上，这种通过注释、评注等方法将文本源语置于丰富的文化和语言环境中的方式叫作深度翻译（Thick Translation），1993 年由美国学者阿皮亚（K. A. Appiah）提出，其要点是注重细节、语境和阐释。贺大卫（Holm David）编译的壮族麽经《汉王与祖王》中就用了一半以上的篇幅作英译文的题解、说明、注释等（陆莲枝，2017：88）。由马克·本德尔（Mark·Bendel）翻译的《达翰尔民间故事选》中，作者用长达 19 页的序言来详尽地介绍达翰尔民族概况，并用大幅文字介绍"炕"的方位、功用、结构、使用禁忌等。然而，随着多媒体及网络技术的普及，仅使用文字注释来再现语音、表演情景信息一定程度上不够立体，译者还可采用图片、多媒体、网络等多模态呈现手段。王国振等人英译的《格萨尔王传》，封面、正文中配有大量故事情节的彩图，这些彩图生动地展现了独特的民族风味，再现了故事发生的场景和社会环境。

这些题解、说明、注释等深度翻译方法及图片、音频、视频等多模态形式的运用，最大限度地传译了口头文学的动态特征，使目标语言读者对原作有了更深入、更全面的了解，并增加了他们对原文化的感知，利于他们更好地理解与接受他族文化作品。民族志工作者在撰写民族志时，也会运用座谈、现场体验、录音录像等方法进行田野调研，进行注释性深度描写民俗文化，因此笔者把这种民歌英译的深度翻译方法加多模态呈现手段称之为民族志式的深度翻译法。总之，少数民族歌曲英译时，可采用添加语气词、脚注、尾注、阐述性说明、前言等深度翻译的方法尽可能地再现其音韵、节奏等程式化前景特质，提供丰富的情景化语境，用插图、音频、视频等多模态形式传译其动态特征，再现唱诵场景、唱诵者等真实性表演情景信息。

（四）羌族民歌的翻译实践

实践是检验理论的唯一标准，提出民族英译模式、策略与方法的目的也是为了指导英译实践。鉴于多元合作模式与多模态呈现手段无法直接展示，笔者仅运用异化策略对羌族情歌《高原女人》进行简单的英译实践。

情歌是羌族青年男女进行社交活动时所唱的歌曲，主要特点是：善用比喻，纯真动人，且男女对答而唱，以表达相互的爱慕之情。这种情歌通常被称为"苕西"（羌语音译，即情歌中的衬词）。

高原女人
央金兰泽

在高原女人不哭，
因为这里的每一座大山都是她们的脊梁。
在高原女人善良，
因为这里的每一片草原都在她们的心上。
高原的女人就像高原上的鲜花，
不需要呵护却长年灿烂美丽。
她们的歌喉里融满了白纯的清澈，
她们的眼睛里包藏了日月的精髓。
她们是男人们的骄傲和依赖，
她们是高原的灵魂，高原的灵魂，
高原的灵魂……

A Plateau Woman

Yangjin Lanze

On the plateau women don't cry,

For every mountain here is their backbone.

In the highlands women are kind,

For every piece of grassland here is in their hearts.

Plateau women are like flowers on the plateau,

Don't need to be cared for but for years bright and beautiful.

Their voices are pure and white,

Their eyes contain the essence of the sun and moon.

They are the pride and dependence of men,

They are the soul of the plateau, the soul of the plateau,

The soul of the plateau...

景区的民歌演唱多通过电视、网络等多媒体设备，在此鉴于纸质文本的局限性无法展示民歌演唱的场景，只能对歌词的翻译进行展示。但我们却不可否认，表演理论可为民歌活态特征与副语言因素的译介提供新方法，它启示我们采用添加注释说明等深度翻译方法来提供丰富的情景化语境，用插图、音频、视频等多模态形式传译其动态特征，再现少数民族歌曲演唱场景、演唱者等真实性表演情景信息，更加逼真地传递民歌中所承载的少数民族文化。

五、景点文化专名翻译

据《现代汉语词典》，专名指"人名、地名、机关团体名之类"（1999：1649）。笔者认为，广义上凡是用于指称唯一特定对象的名词都是专名（Proper Noun）。自古以来，人们对事物的命名就特别关注，如《道德经》有"道可道，非常道；名可名，非常名"。所以哲学家陈嘉映（2008）说，专名问题是语言哲学的核心问题。关于专名，学界至少有两种主张：一种是弗雷格（Friedrich Ludwig Gottlob Frege）的名称理论，一种是克里普克（Saul kripke）的专名论。约翰·塞尔（John Searle）根据弗雷格的理论，指出每一个专名都与一组某种程度上确定的摹状词相联系，这组摹状词确定一个名称指示什么样的对象。换言之，名称间接地指示它所指的东西。而克里普克则彻底反对塞尔的观点，他认为名称与它们所命名的东西之间是直接关联的，专名确保其对应的个体在世界中得到辨别。专名作为一种能指，包含了所命名事物的所指，即定义该事物之所以成为该事物的所有典型特征和属性的总和（田传茂、王峰，2017：127）。景点名称是景区中最常见的文化专名，探讨其英译非常重要。

（一）景点名称中的类别名词

任小玫（2009）认为，无论地名是什么，类别往往具有共性。根据地名通名很容易判断其为自然景观还是人文景观：自然景观的名字往往由表示地理或地貌特征的词语组成；人文景观则具有政治、经济、军事、文化、宗教等色彩，是历史发展的物证。自然景观名称中一般包括山（mountain, mount, hill）、岩（rock, crag）、峰（peak）、崖（cliff）、沟（ravine）、溪（stream）、岭（ridge, hill）、潭（pool, pond）、瀑布（waterfall）、泉（spring）、湖（lake）、洞（cave）、池（lake, pond, pool）、峪（valley, ravine）等。人文景观名称中一般包括寺（temple）、塔（pagoda）、楼（tower）、宫（palace, hall）、庙（temple）、陵（tomb, mausoleum）、祠（shrine）、园（garden, park）、山庄（villa）、亭（pavilion）、庵（convent, nunnery, temple）、台（altar, terrace）、阁（hall, pavilion）、斋（house, hall, study, room）、石窟（grotto）等词语。

（二）景点名称的翻译策略

四川山川秀美，历史悠久，自然和人文景点专名繁多。专名的文化内涵丰富多样，需要我们在英译时格外注意。一般而言，专名多采用音译之法英译，但作为文化传递与旅游服务的景点专名翻译，还应考虑译语游客的接受度，采取音译与释义相结合的方法，即下文将提及的隐性深度翻译，如："诸葛亮"可英译成"Zhuge Liang, the master mind"，点名其身份，可更好地实现跨文化交际效果。此外，专名还常与其他词语连用，构成固定的短语，此时我们需要采取整体性翻译策略，不能只单独翻译专名，而应将整个短语看成一个整体并将其整体意义翻译出来，如"败走麦城"可整体意译为"suffer a fatal defeat"，也可套译为"meet one's Waterloo"，但一般却不能硬译为"walk thorough Maicheng failed"。总之，专名多含有引申意义，在翻译时既需要我们重视中国文化的传递，又要考虑中国文化在译语游客中的可接受度。

（三）景点名称的翻译方法

景点名称的翻译似可采用以下方法：

（1）地名音译+类别名词，如武侯祠（Wuhou Shrine）、锦里（Jinli Lane）、阆中古城（Langzhong Ancient Town）、洛带古镇（Luodai Ancient Town）、十二桥遗址（Shierqiao Ruins）、金沙遗址（Jinsha Ruins）、三星堆遗址（Sanxingdui Ruins）、九寨沟（Jiuzhangou Valley）、清音阁（Qingyin Pavilion）等。

（2）地名音译+释义，如杜甫草堂（Du Fu's Thatched Cottage）、乐山大佛（The Leshan Giant Buddha）、蜀南竹海（Shunan Bamboo Forest）、诸葛亮双忠祠（Zhuge Liang Double-Loyalty Temple）、三义庙（Shrine of the Three Sworn Brothers）、兴文石林（Xinwen Stone Forest and Caves）、西岭雪山（The Snow-Capped Xiling Mountain）、剑门蜀道（The Jianmen Shudao Path）、载酒堂（Wine-Storage Hall）等。

（3）类别名词+of+（形容词）+名词，如大雄宝殿（Shrine of Sakyamuni Buddha）、国清寺（Monastery of Serene Realm）、真觉寺（Monastery of True Awakening）、独秀峰（Peak of Unique Beauty）等。

（4）类别名词+of+数字+名词，如千佛阁（Pavilion of a Thousand Buddhas）、万春亭（Pavilion of Ten Thousand Springs）、五百罗汉山（Mountain of Five Hundred Arhats）等。

（5）修饰语+类别名词+介词短语，如：鹿岩精舍（Fine Villa on Deer Cliff）等。

（6）名词+-ing 短语，有些表示动态的景点名称往往使人浮想联翩，是对该景点极其形象的描述，如盼客松（Guest Expecting Pine）、三潭印月（Three Pools Mirroring the Moon）等。

（7）-ing 短语+介词短语，如花港观鱼（Viewing Fish at Flower Harbor）等。

（8）类别名词+动词不定式，如镇海寺（Temple to Guard the Sea）等。

（9）（类别）名词+定语从句，如鬼见愁（Sights That Discourage Devils）、飞来峰（Rock That Flew Here）（任小玫，2009：20-21）。

上述九种景点名称的具体翻译方法并不能囊括所有的名称翻译类型，需要译者在具体翻译实践中根据具体情况进行具体处理。但总的翻译原则与策略应该是统一的，即既重视中国文化的传递，又考虑中国文化在译语游客中的可达度。

第三节　景区文化翻译的原则、策略、方法与技巧

进行文化翻译实践首先要做的是确立翻译原则（Translation Principle），然后根据翻译原则制定宏观的翻译策略（Translation Strategy），最后探索行之有效的翻译方法（Translation Method）与翻译技巧（Translation Technique）。翻译原则是指导译者从事翻译工作的法则，如上文提到了的刘重德的"信、达、切"、许渊冲的"意美、音美、形美"。《辞海》中对"策略"的解释为"适合具体情况的做事原则和方式方法，是可以实现目标的方案集合"（辞海编辑委员会，2009：231）。由此定义可知，策略包含了一定的目标、规则和方法。翻译策略是翻译活动中，为实现特定的翻译目的所依据的原则和所采纳的方案集合（熊兵，2014：83）。翻译策略不等于翻译方法，它高于翻译方法。翻译方法属于翻译策略之下的一个范畴，它是翻译活动中基于某种翻译策略，为达到特定的翻译目的所采取的特定的途径、步骤、手段（ibid.）。翻译方法与理解、表达的具体操作步骤有关，是

实现语言转换的具体手段。翻译方法体现的是一种"翻译中概括性的处理方式，而非具体局部的处理办法"（Chesterman，2005：26），具体局部的处理办法属于翻译技巧的范畴。由此可见，翻译技巧是翻译方法的一部分，但不等同于翻译方法。据《现代汉语词典》，技巧是"表现在艺术、工艺、体育等方面的巧妙的技能"（1999：598）。技巧是一种巧妙的方法，体现的是行为者某种娴熟的技能。就翻译而言，只有当翻译方法巧妙地解决了某个翻译难题，彰显出译者的巧妙思维与熟练技能时才称之为翻译技巧。因此，翻译技巧是翻译活动中，某种翻译方法在具体实施和运用时所需要的技术、技能或技艺（熊兵，2014：83）。翻译技巧是局部的、微观层面的，是对文本在语言层面的操作与操控（Chesterman，2005：26）。

翻译策略、翻译方法、翻译技巧这三个概念之间是一种自上而下的层级关系。翻译策略相对于翻译方法是一个更宏观、更宽泛的概念。翻译策略的实施体现在翻译方法的运用上，而翻译方法的运用则需要以翻译策略为依据。翻译方法是出发点，翻译策略是归宿（田传茂，2011）。翻译方法相对于翻译技巧是一个更宏观、更宽泛的概念。并不是所有的翻译方法都能在翻译实践中成为翻译技巧，翻译方法本身不是翻译技巧。

一、文化翻译的原则

刘宓庆在《文化翻译论纲》中提出了文化翻译三原则：文化适应性原则、科学原则、审美原则。其中文化适应性原则有四层含义：一是当源语文化的表现法与译语文化现实格格不入时应做出适当调整；二是源语文化的再现应随译语语言与文化的发展变化而不断进行调整；三是文化翻译要把读者接受效果放在重要位置；四是给译者适度的自由空间应对文化翻译中的不可译难题。科学原则即忠实性原则，指译者应如实地把握源语文化信息客观地加以再现，绝不能凭空捏造、添油加醋。审美原则指译者对源语文化做出准确的审美判断，再现原文的"原汁原味"，保持原作的异国情调。换言之，译者应"精于把握源语文本的特征和文化气质""精于对源语文本的结构和原文特征的模仿""精于双向变通，以保证源语文化对译语文化的适应性，或者相反，提高译语的表现力以适应或吸收源语语言和文化的活力"（刘宓庆，1999: 287-288）。在文化翻译中，译者应摒弃民族中心主义的狭隘思想，保持开放与兼容心态，在源语文化和译语文化不能兼顾的情况下努力求索译语文化再现的最佳平衡点、最合理的契合点以及最有效的表现手段；同时做到合规合法即遵守当下译者群体的共同规范和国家有关法律法规。

二、文化翻译策略

（一）文化理解策略

文化翻译可大致分为源语文化理解与译语文化表达两个过程。刘宓庆基于源语文化信息的理解提出三种文化审视的策略：历史观照、文本内证、文本外证。历史观照强调译者应站在历史的高度理解文化现象。文本内证指某一文本的某个文化难点可从该文本另一处得到理解的启示与印证。文本外证指从另一文本中找到破解文化难点的证据。文本外证进一步又包括：互文观照、文物互证、人文互证。互文关照是两个文本就某一文化难点相互印证；文物互证是文本与实物的相互印证；人文互证指借助作者的生平经历、世界观、价值观等破解其作品中的语义与文化难点。

准确的文化理解是做好文化翻译的关键，历史观照、文本内证与文本外证三种文化理解策略可以帮助我们更好地审视源语文化。但是进行文化翻译，光准确地理解源语文化是不够的，还需要传神地进行文化表达。刘宓庆（1999）归纳出文化信息表现的五种策略：图像、模仿、代替、阐释、淡化。图像策略，顾名思义即利用作为视觉非语言模态的图像来辅助文化信息的表达。如在杜甫《登岳阳楼》（Climbing Yueyang Tower）的译文旁配一幅岳阳楼的素描图或照片。模仿策略即直译；代替即同义表达的替换，或套译；阐释策略即解释性翻译；淡化即舍弃源语文化信息，此为文化翻译之下下策。

（二）深度翻译策略

深度翻译（Thick Translation），亦译作"厚重翻译"，作为一个理论概念，由夸梅·阿皮亚（Kwame Anthony Appiah）于1993年提出。它是指"通过各种注释和评注将文本置于丰富的语言和文化环境中的翻译"（方梦之，2011：92）。在《深度翻译》（*Thick Translation*）一文中，阿皮尔通过分析一部非洲口头文学作品译成英语时的主要问题，揭示全球文化和政治经济发展的不平衡对翻译造成的影响。很明显，"深度翻译"这个概念也适用于任何其他含有大量解释材料的译作，不管这种解释材料是脚注、评注还是扩充的介绍。提供大量背景资料的目的，是使目的语读者对源语文化多一份敬意，使他们更好地理解异文化的人们思考问题和表达自己思想的方式（Shuttleworth & Cowie，1997：170-171）。

我国晚清时期的翻译家严复翻译的一个特点是，在译文中附有大量的按语，对原著的历史背景、作者学术观点的历史地位、论述的精髓所在、中国传统文化中的类似理论以及作者观点中应予以商榷之处，均一一指出，对读者有很大的启迪作用。据粗略统计，严复所加的按语约占他所译的十部译著字数的十分之一，而《天演论》的按语数则占了全书的一半以上。严复的译作大概可以算作我国翻译史上最典型的"深度翻译"的例子了（方梦之，2011：92）。贺麟评严复的翻译时就曾指出"他附加的按语小注……可促读者对于原文的了解"，在具体评析严译《群学肄言》时，他又特别指出两点："第一，将原书说治群学之难之意，透澈译出，而无颠倒删削。第二，增加了许多原文所无之词句，不惟未变原意，且使原文更显明透达，译文更美丽流畅（贺麟，1984：153-155）"。

翻译家曹明伦（2013：117）是最早将"直译加注"和"增益补充"两种翻译方法与深度翻译策略联系到一起并进行探讨的学者。他指出：

为译文添加评注和附注只是不得已而为之的显性深度翻译，而正是这种显性深度翻译会造成阅读停顿，所以深度翻译也该有个限度。其实要"把文本置于深厚的语言文化背景之中"，同时又尽可能不打断读者的阅读，有时还可以用一种隐性深度翻译。所谓"隐性深度翻译"，就是像严复当年所做的那样，在不变原意的前提下增加原文所无之词语，从而使译文更接近原文。

增加注释的翻译技巧在文化翻译中很常见，因为中西文化差异较大，尤其是文化负载词与专名翻译。这种翻译技巧实际上是一种显性翻译策略，极易造成译语读者的阅读停顿，所以在文化翻译时应尽量少用。此外，旅游景区的文化翻译还受到物理空间的限制，如展览品说明、外宣材料等一般都以简短流畅为要，因此并不适合应用加注这种显性深度翻译的技巧。而隐性深度翻译既可节省空间，又可增加一定的文化背景知识，应该是文化负载词、文化专名、诗歌、对联、碑文等文化表现形式翻译的首选策略。但"运用此法的前提是译者得有敬业精神，而这敬业精神的基础又建立在译者的历史文化素养之上。因为译者若缺乏历史文化素养，便难以深入相关的历史文化语境，因此也难以将所译文本置于相关的历史文化语境之中"（ibid.: 119）。

（三）异化与归化翻译策略

德国神学家兼翻译家施莱尔马赫（Schleiermacher, 1813）有一句名言"译者有两种选择：他尽量不去打扰作者而让读者跟着作者亦步亦趋，或者他尽量不去打扰读者而让作者跟着读者亦步亦趋"（Robinson, 2006: 229），这可视为异化（Foreignization）与归化（Domestication）翻译策略之滥觞。异化策略的本质属性就是原文作者取向，即译者在翻译过程中尽可能地向原文作者靠拢。异化在翻译中的具体表现为以语义为中心的倾向，强调语义的适应性，尽量保留原文的语言、文学、文化特质。据《中国译学大辞典》，异化翻译指"生成目标文本时会通过保留原文中某些异国情调的东西来故意打破目的语惯例的翻译类型"（方梦之，2011: 96）。与异化策略相对，归化策略的本质属性是译文读者取向，即译者在翻译过程中尽可能地向译文读者接近。归化在翻译中的具体表现为以文化为中心的倾向，强调文化的适应性，尽量用译文读者易于接受的语言、文学、文化要素来替代原作的语言、文学、文化要素，回归译语的语言、文学与文化规范。因此，归化翻译指"译文采用透明、流畅的风格，从而最大限度地淡化目的语读者对外语文本的陌生感"（ibid.：97）。

异化策略以源语文化为价值取向，归化策略以译语文化为价值取向。二者各有利弊，异化策略主要有三方面的优势：第一，可向译语引入新的语言、文学、文化因素，丰富译语的表达，丰富译语文化；第二，让译语读者更充分地领略异域文化，促进不同文化之间的交流；第三，从弱小民族语言向强势民族语言的翻译中采用异化策略可成为一种抵抗强势文化殖民和文化霸权的防护手段，可成为一种彰显弱小民族文化身份的一种保护策略（Venuti, 1995：20-24）。异化策略的弊端主要在于译文的可读性较差，文化的可达性较弱，从而在某种程度上影响译语文化在译语读者中的接受与传播。归化策略的优势体现在以译语读者的需求为导向，译文通俗易懂，可读性强，容易被译语读者所接受。缺陷在于：其一，原语文化会因文化过滤而不同程度地丢失，译语读者也就相应地被剥夺了欣赏异域文化的机会，不利于译语文化的丰富与发展，不利于不同文化间的交流与融合；其二，从弱小民族语言向强势民族语言的翻译中采用归化策略，可能会强化强势语言的文化殖民与文化霸权，弱化弱小民族的文化身份（ibid：27-28）。

文化翻译必然涉及两种不同文化，作为文化摆渡人的译者，不可能做到文化价值取向绝对中立，不可避免地会亲近一种文化而疏离另一种文化。从辩证的角度看，文化翻译过程既不存在绝对的异化，也不存在绝对的归化。因为无论多么的归化，译文的内容还是源于源语文化中的人和事；而译文无论多么的异化，它也必然带有译语文化的烙印。值得注意的是，虽然异化与归化是两种文化价值取向截然相反的策略，但这并不意味着文化翻译的这两种策略是非此即彼的二元对立。二者都是一种文化翻译策略，具有方向性、可逆性、层级性和程度差异性四大共同特征。方向性指这两种策略的文化指向性，分别指向源语文化和译语文化；可逆性与译文读者身份有关，翻译研究中所谈及的异化与归化一般是站在译语读者和译语文化的角度，如果换成懂译语的源语读者或者研究者站在源语文化的立场审视译文，那么通常意义上的异化与归化需要互换位置；层级性指异化与归化这对概念有多重含义，可指策略、过程、产品或道德态度；程度差异性指译文与源语文化或译语文化的距离，距离越近，程度越高，可通过某一文本中译者所运用各种异化与归化方法的频次来确定译者翻译策略的倾向性，即可通过定量分析对某一译本的翻译策略进行定性，如定性为"整体上较为异化"或"整体上较为归化"（田传茂、王峰，2017：11）。

文化翻译是一个跨学科的研究话题，后殖民文化研究也有关于文化翻译的相关探讨。在以霍尔巴巴为代表的后殖民文化研究中，文化翻译被视为文化迁徙或文化离散。文化离散指的是离开自己的文化家园，在异域文化环境里憧憬并审视本土文化，在接触和体验异域他者的同时，进行文化间的沟通与糅合（Sun，2018：58）。如此获得的异域感受和构建的文化心态，对于解决异、归化两种对抗性方法所处的尴尬境地具有极其重要的意义。与翻译相关的文化离散，意味着一种跨文化协商以及对文化身份的反思，并且使翻译转向到离散语域，以分析和解决源语与目的语文本之间缺乏联系的问题。文化翻译的原则是肯定异化翻译，以使读者"直接地"接触原作的趋于真实的形式，进而获取跨文化交流的真切体验。异化翻译可展示原文本的异质，对异质因素的保留不可避免的催生"翻译体"，即一种杂合语言，如鲁迅坚持"硬译"而产生的语言。这是对两种语言与文化调和的必然结果，这实质上就是异化翻译中的离散性，这种离散性创造了一种新的文化环境吸引着译文读者。由于语言在原文中的铺展方式较之与译文有所不同，人们通常理所当然地认为是译文读起来拗口，而非原文，从而心安理得地接受并开始享受异化翻译。异化翻译的生存与成功依靠译文读者的离散意识（离散经历与视角）。译文读者需要通过离散想象来异化自己才能阅读这种异化翻译，久而久之，异化的陌生感不复存在，异质文化或语言被我们广为接受并改进了我们的文化，这就是去异化（De-foreignization）过程。道格拉斯·罗宾逊（Douglas Robinson）说："离散文化是一个永远处于背井离乡状态的被放逐的全球文化，我们身边的陌生人都变成了自己生活和工作环境之中的熟悉人物"（1997：29）。关键在于我们与陌生人所处的时间足够长，陌生人将不再陌生。在去异化前期，不同文化会呈现并置状态，即文化混合（The mixed-ness of cultures）；后期不同的文化才会呈现融合状态，即文化糅合（Cultural hybridization）（Sun，2018：64）。离散作家将父母口头的陈述通过翻译改写为源文本，他们就充当了文化译者的角色。离散文学创造了一种既不同于源文化也不同于目标文化的第三种文化。

文化离散的视角看待翻译，为翻译的异化归化之争提供了一个避免暴力形式的缓冲地带、第三空间。文化离散鼓励对异质经历的投入性体验，同时避免或减少在交流中遭遇障碍，使得异化翻译变得似曾相识，而非完全陌生。翻译并不是展示差异，而是跨越差异。异化的离散状态就是有效进行跨文化交流的根本所在。译者需要具备离散的视野与心态，才能够更好地协调异化与可达性之间的关系。总之，后殖民文化研究中的文化离散可为我们理解文化翻译的异化与归化之争提供新的视角，拓展我们对文化翻译策略的认识。

三、文化翻译的方法

译者在翻译过程中选择什么样的翻译方法并不是任意的，而是基于一定的文化翻译原则或翻译策略。如上所述，文化翻译主要有两大策略：异化、归化。这两个翻译策略之下有各自不同的翻译方法与技巧，美国翻译理论家韦努蒂（Venuti，1998）介绍了省译（Deletion）、增译（Addition）、意译（Free Rendering）、换译（Replacement）、插入（Insertion）、现代化（Modernization）、同化（Assimilation）等归化的方法以及直译（Literalism）、使用古语方言（Use of archaic and non-standard dialects）等异化方法。韦努蒂虽然将文化翻译的"方法"按照归化、异化策略进行了分类，但笔者发现这些"方法"的层级并不一致，现代化、同化更应是文化翻译策略，而非翻译方法；插入、使用古语方言应该属于翻译技巧。我们认为，异化策略下的翻译方法包括：直译（Literal Translation）、逐词译（Word-for-word

Translation）、音译（Transliteration）与零翻译（Zero Translation）；归化策略下的翻译方法包括：意译（Liberal Translation）、仿译（Imitation）、变译（Variation Translation）、创译（Recreation）。

（一）异化策略下的翻译方法

零翻译指把源语的某些成分不进行任何操作直接引入译语中的翻译方法。零翻译的方法一般适用于两种情况：第一，源语与译语在拼写上存在差异而无法进行翻译时；第二，首字母组成的缩略词或字母单词进行翻译时。音译指把一种语言的文字符号用另一种语言中与它发音相同或相近的文字符号表现出来的方法（熊兵，2014：85）。

逐词译指在翻译时不考虑两种语言在语义、词法、句法方面的差异，将原文一个词一个词地进行对译。这种翻译方法在诗歌、对联、碑文的英译中不常用，但在景点专名翻译时却较常用，如将"白虎堂"译成"White Tiger Sanctum"，将"千佛洞"译成"A Thousand Buddhas Pavilion"，将"独秀峰"译成"Unique Beauty Peak"，将"万春亭"译成"Ten Thousand Springs Pavilion"，等等。

直译指不采用转义的手法处理词汇意义及修辞，而允许适当地变化或转换语言形式的翻译方法，如陈子昂读书台景区有初唐诗人陈子昂的一首诗：

登幽州台歌

陈子昂

前不见故人，
后不见来者。
念天地之悠悠，
独怆然而涕下。

Upon Ascending the Parapet at Youzhou
Chen Zi'ang（661—702）

Before me, unseen are the ancients,

Behind me, unseen those to come.

Thinking of this infinite universe,

Alone, in my sorrow, I shed tears.

诗歌最后一句"独怆然而涕下"译成"Alone, in my sorrow, I shed tears."在语义上，没有进行转义，完全是直译出来的，"独"译成了"alone"，"怆然"英译为"in my sorrow"，"涕下"翻译为"shed tears"；但对句子的顺序进行了适当的调整，这句话正常的语言结构形式为"主语+谓语+宾语+状语"，在翻译时为了符合诗歌的语句特点，将状语前置，调整成了"状语+主语+谓语+宾语"的语言结构。不仅最后一句话，整首诗歌都是采用了直译的翻译方法。再如：

江南逢李龟年
杜　甫

岐王宅里寻常见，

崔九堂前几度闻。

正是江南好风景，

落花时节又逢君。

Encountering Li Guinian South of the River
Du Fu

You! Often seen at Prince Qi's Palace,

Heard in Cui Jiu's Chamber,

How is it, when flowers fall,

We meet again,

Amid these lovely southern scenes?

这首诗歌的后两句合成了一句话，但并未改变原句的意义，只不过句型发生了变化，整体上也属于直译法。

上述翻译方法均未改变源语的意义，只是适当地改变或调整了源语的语言形式，均属于以源语文化为取向的异化翻译策略。

（二）归化策略下的翻译方法

意译是指为了流畅而地道地再现源语语义而采用转义的手法处理词汇意义及修辞的翻译方法，包括两种具体方法：释义法（Paraphrase）与套译法（Idiomatic Translation）。所谓释义法即解释性翻译方法，如杜甫一首诗的名字"蜀相"用释义法翻译成"The Shu Prime Minister——Zhuge Liang"。这种解释性的翻译方法让译语读者一看标题就知道该诗所写的人物是诸葛亮，给译文增加了文化背景知识，减轻了译文读者的理解障碍。套译法是指借用译语的惯用语来代替源语词句的一种意译方法，如可将"三个臭皮匠顶一个诸葛亮"用英文的"Two heads are better than one."来套译，没有将"臭皮匠""诸葛亮"进行直译，而是用转义的手法翻译出了原句子的意义。

仿译是指把原文作为一个参照模式，不拘泥于源语的语言结构和意义细节，通过缩译的方式只译出概义，或通过增译的方式译出原文没有的信息，或选择性地只译出某些关键信息的一种归化翻译方法。如：杜甫《丽人行》中"头上何所有？翠微盍叶垂鬓唇。背后何所见？珠压腰衱稳称身。"英译成"What's that upon their heads? Jade pendants frame their temples. And around their waists? Strings of pearl accentuate their curves."。只大概译出了宫女们的头饰与服饰，并未对形状、位置进行细节的翻译，这仅仅是将原文的整体描写作为一个参照，通过缩译的方式只译出其概义，属于仿译的一种方法。

变译，顾名思义，是为了达到某种特定的目的或满足译语读者的特定需求而改变原文内容、意义或主旨的翻译方法。改译与仿译的根本区别在于是否改变原文的主旨意义，改译改变了原文的主旨意义，而仿译是将原文作为一个参照系，虽然细节上有些许增删，但并未改变原文的意义主旨。

创译是指抛弃原文的形式与意义，创造性地对原文进行重新处理的一种翻译方法。创译与改译的根本区别在于与原文的关联性程度，创译在形式与意义上基本与原文没有关联；而改译虽然改变了原文的内容、意义与主旨，但仍与原文有或多或少的联系。

上述零翻译、音译、逐词译、直译四种异化翻译方法与意译、仿译、改译、创译四种归化翻译方法，是依据译文对原文的忠实程度进行排列的。零翻译与创译是翻译方法的两极，其中零翻译是最忠实于原文的一种翻译方法，而创译是最不忠实于原文的翻译方法，是最自由的翻译方法。异化翻译方法与归化翻译方法临界的是直译、意译，二者的本质区别在于是否采用了转义的手法处理原文。在这八种翻译方法中，对原文的形式和意义越忠实，就越不需要翻译技巧，零翻译、音译、逐词译为读者提供的信息几乎为零，有时不利于文化的传播与译语读者的文化接受，而直译以及归化的四种翻译方法有时却能帮助读者把握住源语的文化信息。因此前三种异化翻译方法在翻译时基本上不需要使用翻译技巧，其余五种需要视具体情况采取不同的翻译技巧。

四、文化翻译技巧

（一）翻译技巧概览

翻译技巧是翻译实践的经验总结，对翻译实践有解困释难的作用（方梦之，2011：110）。早在唐朝，玄奘就运用增量、删略、离合、变位、代词还原、译名假借等各种翻译技巧。严复在《天演论·译例言》中说："词句之间，时有颠倒附益，不斤斤于字比句次，而意义不倍本义。……前后引衬，以显其意。"他又在《群已权界论·译凡例》中指出："若依文作译，必至难索解人，故不得不略为颠倒，此以中文译西书定法也。"凡此种种，古人或有感而发，或经验之谈，常以简略的文字对翻译技巧和方法予以描述或规定。

在语言学进入翻译研究领域之后，人们开始用语音学、语法学、词汇学的原理和方法来研究翻译技巧。奈达的早期著作不乏对翻译技巧和翻译方法的阐述，如核心句的语序处理、语法转换以及时间词、数量词的处理。20 世纪 70 年代，巴尔胡达罗夫在《语言与翻译》一书中论述了翻译转换法，其中包括移位法、替换法（词形替换、词类替换、句子成分替换、复合句中的句法替换、词汇替换、反面着笔、补偿法）、加词法、减词法等。1980 年，张培基等编著的《英汉翻译教程》则以英汉语言对比为主线，系统地总结和整理了英译汉常用的方法和技巧，从词义的选择、引申和褒贬、词类转换、增词、重复、省略、正反译法、分句合句、被动态译法、从句译法到长句译法。后来，随着功能语言学和篇章语言学的兴起与发展，国内外学者开始关注译文语篇的衔接与连贯、段落的调整等翻译技巧。

王宏印（2011：110-111）基于英汉语言的对比研究，归纳出十大类翻译技巧：（1）斟酌词义；（2）增补省译；（3）灵活转换；（4）调整词序；（5）断句接气；（6）正反分合；（7）重心平稳；（8）虚实奇正；（9）略赋文采；（10）综合权衡。这些技法之间并非互不相干，而是相互为用，构成一个较完备的体系，表现出一定的系统性和层次性。前两种翻译技巧基本上在不变动原句的基础上进行，主要是为了保证译文准确完整。前者包括词义的选择和引申、褒贬和搭配处理，后者则涉及虚词实词的应用、信息量的控制以及为修辞和语法目的而进行的变通处理。第三、四条翻译技巧是原句结构的变换加工，主要是为了译句流畅顺达。转换包括词类转换、语气语态转换、句式结构的转换等，语序调整涉及定语和状语的位置以及目的语信息与审美接受的顺序过程等问题。第五、六条打破原文句子束缚并进行逻辑调整，使译文的气势更连贯。断句接气是中国绘画上的术语，强调的是气韵生动，一以贯之。正反分合则是逻辑上的，但也包含艺术的考虑。第七、八条又针对一些难译之点，深入到译文的命题结构重组和翻译的直觉把握等问题，以求文气通畅，信息安排合理，当然也包含一些特殊效果的修辞考虑。第九、十条属于最高层次，前者是对译文语言技法的艺术考虑，甚至提倡一定的唯美效果，后者则是整个译文水平和表现效果的总体配合和调度布置。不难看出，前面几条与翻译基本手法中的再现手法有一定的对应关系，后面几条在一定程度上则是表现手法的具体体现。至于这些基本技法的运用问题，既要受翻译的基本策略导向和基本手法的制约，又在于译者匠心独运和灵巧变通。

除此之外，《中国译学大辞典》上还收录了切分（Cutting）、分义（Decomposition）、分译（Division/Splitting）、反译法（Mutual Transformation of Affirmative and Negative Expression）、长句翻译（Translation of Long Sentences）、引申（Extension）、句式对应（Corresponding Sentence Patterns）、句式调整（Syntactical Readjustment）、加注（Annotation）、合义（Blending）、合译（Combination）、补偿（Compensation）、技能意识（Skill Consciousness in Translation）、词序调整（Rearrangement of Word Order）、词语连接（Cohesion）、拆字法（Splitting a Character）、转移（Transfer）、具体化（Specification）、抽象化（Abstraction）、实数虚译（Fuzzy Translation of Numbers）、顺译（Translation in Original Order）、逆译（Translation in Reverse Order）、套译（Corresponding）、重组（Reconstructing/Recasting）、语义连贯（Coherence）、选词（Diction）、省略（Omission）、消除歧义（Disambiguation）、替代（Substitution）、提前处理（Pretreatment）、增词（Addition）、转换的技巧（Conversion）、平行式转换（Paralleling Conversion）、正反式转换（Mutual Transformatin of Affirmative and Negative Expressions）、对应式转换（Corresponding Conversion）、句型转换（Conversion of Sentence Patterns）、形象转换（Image Shift）、词性转换（Conversion of Parts of Speech）、视点转换（Shift of Perspective）、语态转换（Conversion of Voice）、替代式转换（Substituent Conversion）、辞格转换（Conversion of Figures of Speech）、移位（Extraposition/Permutation）、平衡性移位（Balance Permutation）、主题性移位（Thematic Permutation）、连接性移位（Link Permutation）、信息焦点移位（Focus Permutation）、韵律性移位（Metrical Permutation）共计 48 种翻译技巧。

莫琳娜和乌尔塔多-阿比尔（Molina & Hurtado Albir, 2002）在《重论

翻译技巧》（ *Translation Techniques Revisited* ）一文中提出了 18 种翻译技巧：改编（Adaptation）、增词（Amplification）、借译（Borrowing）、仿拟（Calque）、补偿（Compensation）、描述（Description）、话语创译（Discursive Creation）、约定俗成的对等（Established Equivalent）、泛化（Generalization）、文字扩充（Linguistic Amplification）、文字压缩（Linguistic Compression）、直译（Literal Translation）、调制（Modulation）、具体化 （Particularization）、减词 （Reduction）、语言或副语言替换（Linguistic or Paralinguistic Substitution）、词序置换（Transposition）、变译（Variation）。但我们不难发现，作者将称得上宏观翻译策略的改编、描述、泛化、调制、具体化视为翻译技巧，将直译、创译、变译三种翻译方法也视为翻译技巧，这显然模糊了翻译策略、翻译方法与翻译技巧的界限。况且，有些翻译技巧在文化翻译中并不适用。鉴于此，笔者认为：虽然翻译技巧林林总总，但在文化翻译中常用到的大致有五种：增译（Amplification）、省译（Omission）、转译（Conversion）、分译（Division）、合译（Combination）。

（二）增 译

增译指在译文中增添某些字、词、句或语段以更好地表达原文思想内容的翻译技巧。增译并不是随意的增加，是为了使译文符合译语词法、句法、文法、语义或修辞的要求以及文化规范，或者为了更好地实现某种特定的目的。如一处景点的名字"娘娘庙"如果音译成"Niang-niang Temple"，则基本上未提供任何源语的文化信息，译语游客看到之后，只知道这是一座寺庙，至于这座寺庙供奉的是谁，从译名上根本无处知晓。此外，这种文化信息度极低的音译也无法把其中崇尚神灵的宗教文化内涵表达出来。实际上，我们知道"娘娘庙"是一处求神送子的寺庙，因此，在翻译时我们需要通过增词来为译语游客提供更多的文化信息，并且要使译名更加符合译语的词法和文化规范，可将其英译为"Goddess of Fertility"。值得注意的是，上文在深度翻译策略中提到的显性深度翻译（加注法, Annotation）

与隐形深度翻译实际上都是增译的一种特殊翻译技巧，不再赘述。

（三）省 译

省译指在译文中删减某些字、词、句或语段以更简洁、流畅地表达原文思想内容的翻译技巧。省译并不是随意地删减，也是为了使译文符合译语词法、句法、文法、语义或修辞的要求以及文化规范，或者为了更好地实现某种特定的目的。如下面这首诗：

峨眉山月歌
李　白

峨眉山月半轮秋，
影入平羌江水流。
夜发清溪向三峡，
思君不见下渝州。

The Monn over Mount Brow
Li Bai

The crescent moon looks like old Autumn's golden brow;
Its deep reflection flows with limpid water blue.
I'll leave the town on Clear Stream for the Three Gorges now.
O Moon, how I miss you when you are out of view!

此首诗歌的英文翻译出自许渊冲先生。原文中的平羌（今青衣江）、渝州（今重庆）两地名均进行了省译，因为这些古代地名对于中国人来说都不见得知晓，外国人就更加不知所言何处了。此外，这首短短的诗歌中共有"峨眉山""平羌""清溪""三峡"、"渝州"五处地名，如果全部用音译予以保留，则会增加译语读者或游客的理解负担，上文已论述过音译为译语读者提供的信息度极低，几乎为零，不仅不利于文化的传播，还会破坏诗歌的艺术美感与意境。因此，许老先生省译了"平羌""渝州"两处地名，只保留了剩下的三处，且均未采用音译的处理办法，将"峨眉山"译成"Mount Brow"保留了名字中所含的形象比喻，分别将"清溪""三峡"分别英译成"Clear Stream"和"Three Gorges"，整体上保留了诗歌的意境之美。

（四）转　译

转译，亦称之为"转换"，指把源语的语言单位或结构转换为译语中有类似、对应或异质属性的语言单位或结构的翻译技巧。按照语言单位的层级，可将转译技巧细分为：词素转换、音韵转换、词汇转换、句法转换、语篇转换、语义转换、修辞转换、语用转换、文化转换等。其中音韵、修辞、文化层面的转换在景区翻译中较为常用，如下以音韵转换为例进行说明。音韵层级的转换在诗歌翻译中较为常见，涉及押韵形式与韵律节奏的转换。比如：

春日忆李白

杜　甫

白也诗无敌，
飘然思不群。
清新庾开府，
俊逸鲍参军。
渭北春天树，
江东日暮云。
何时一尊酒，
重与细论文。

Thinking of Li Bai on a Spring Day

Du Fu

Li Bai is unrivalled in verse;

He towers in the universe.

Fresher than Yu on northern shore;

Brighter than Bao, poet of yore.

I long for him as longing tree;

At sunset will he think of me?

When may we drink a cup of wine

And talk about prose and verse fine?

上面这首杜甫的诗歌原文为偶行押韵，且每行五个字，译成英文改成"aabbccdd"每相邻两行押一个韵的形式，且转换成每行四步。

（五）分译与合译

分译指将原文的一个句子进行切分并翻译成译文的两个或多个句子的技巧；合译则指将原文的两个或多个句子进行合并并翻译成译文的一个句子。二者是句子层面的两种翻译技巧，在诗歌、楹联、景点专名、民歌等文化翻译中较少使用，常应用于碑文的翻译。由于碑文中多用同义的四字格以达到文赋所需要的铺陈气势，所以合译技巧在碑文翻译中最常用到。如《将帅碑林赋》中的第二句

"爱及二十世纪初叶，祸成频发，军阀混战，国之将倾，黎民倒悬。"就可合译为 "However, in the early 20th century, frequent natural disasters and wars made our country a waste land and our people suffering."。再如：楹联长廊，诗文并茂，珠联璧合，大气磅礴，引人入胜。整句全部为四字格，但"诗文并茂"与"珠联璧合"、"大气磅礴"与"引人入胜"基本属于同义词，都是对楹联的描述，所以可以合译为 "While the Couplet Corridor is made up of Chinese couplets in precise diction, which is a great poetic scene."。

第四节 小 结

　　四川省旅游资源丰富，文化底蕴深厚。随着各景区国外游客人数的不断增长以及旅游业的国际化发展，旅游翻译越来越受到社会各界的关注。旅游景区，尤其是人文景点是对某一地区文化的集中展览。从这个角度上讲，旅游翻译某种程度上是翻译与传递文化，是一种文化翻译。

　　文化翻译已成为很多学科研究领域的关键性概念工具，不同学科对其有不同程度的涉及与讨论。在翻译学中，1990 年文化转向之前，文化翻译侧重于文学翻译中语言所承载的文化因素研究；而在文化转向后，文化翻译逐渐转向文化现象的整体性研究。在文化学中，文化翻译实质上是将翻译的隐喻性作为理论工具，对某一区域或群体的文化整体、文化状态、文化现象进行研究。而在人类学中，人类学家们将整个他族文化作为翻译的对象，而且大多他族文化承载形式是口传性的，所以并无固定而具体的源文本存在，因此民族志文化翻译更接近于翻译研究中的无本翻译。无论是只关注文本中文化因素的文化转向前期翻译理论，还是将翻译研究扩大至广义文化现象的理论，都是研究翻译与文化的关系问题，各学科之间可以相互借鉴、相互补充，使文化翻译研究更加系统、更加全面。厘清了不同学科文化翻译概念之后，笔者对景区中常见的文化翻译对象：诗歌、对联、碑文、景点名称、民歌进行了分类，并研究了它们各自的翻译特点，提出了相应的翻译策略、方法与技巧。笔者认为，翻译策略、翻译方法、翻译技巧这三个概念之间是一种自上而下的层级关系。本章中，笔者首先讨论了景区文化翻译原则。然后，在翻译原则的指导下探讨了异化、归化、深度翻译三大文化翻译策略。接着，根据异化、归化策略对文化翻译方法进行分类并举例讨论，其中异化策略下的翻译方法包括直译、逐词译、音译与零翻译；归化策略下的翻译方法包括意译、仿译、变译与创译。最后，结合诗歌、碑文等翻译实践，对文化翻译中常用到的五种翻译技巧：增译、省译、转译、分译、合译进行了探讨。

概言之，不论是诗歌、楹联、碑文还是文化专名与民歌翻译，均兼有文学典籍翻译与旅游翻译的双重性。从翻译策略来看，典籍翻译与旅游翻译是矛盾的，前者重文采，而后者重通俗。这就需要译者在翻译过程中平衡景区文化翻译的这种双重属性，坚持"以达意传神为基础，兼顾文化传递与旅游服务"的翻译原则，依据不同的文本类型，结合不同的文化语境，采取不同的文化翻译策略、方法与技巧。

第四章

景区展品翻译

第一节　景区展品分类及其翻译现状

美国旅游学研究者克瑞斯·库珀（Chris Cooper）在其《旅游学原理与实践》（*Tourism: Principles and Practice*）一书中指出，按照类型对旅游吸引物（Attraction）进行分类的话，包括"自然吸引物和人造吸引物"，人造吸引物包括"文化型（宗教、现代文化、博物馆、艺术馆、艺术建筑、考古遗址等）、传统型（民间传说、传统文化再现、节庆活动）、事件型（体育活动和文化盛事）""自然旅游资源包括国家公园、野生动植物、自然风光和著名的自然现象"（2004：326）。这样的分类也比较符合人们对景区视觉和感官上的认知，一谈到景区或景点，人们往往想到的都是风景名胜。以四川省内景区为例，自然景区有九寨沟、贡嘎山、海螺沟冰川、红原大草原、若尔盖等；自然与人造结合的自然人文景观有峨眉山—乐山大佛、都江堰—青城山、卧龙大熊猫自然保护区等。

人文景区分类中的历史博物馆、科技博物馆和美术博物馆之间又有什么区别和联系呢？先谈谈统摄词"博物馆"，该词至今都没有一个能够被学界普遍接受的定义，这是由博物馆"形态的多样化""职能的多重性""区域性的文化特征与意识形态的差异"及其"内涵与外延的历史性变化"所造成的（严建强，2001：19）。我国现在普遍采用的博物馆定义是1961年《博物馆工作概论》中的表述：博物馆是"文物和标本的主要收藏机构，宣传教育机构和科学研究机构……"，博物馆是非营利的永久性机构，以学习、教育、娱乐为目的。"博物馆事业是衡量国家文明程度的重要尺度""是一种高品位的特色旅游资源"（章采烈，1997：1-6）。实际上，"直至 20 世纪，传统意义上的博物馆才逐渐划分为三大类型：美术博物馆、历史博物馆和科学博物馆"（曹意强，2008：3）。此外，弄清楚博物馆藏品和展品之间的区别也非常重要。"博物馆藏品……是博物馆收藏的记录和反映人类社会及自然世界发展历程的实物证据"（宋向光，1996：98），它既包括历史文物，也包括科技展品和艺术作品。博物馆展品"是展示在展厅的物品。当一件文物仅存放于库房时它仅仅是藏品，一旦这个藏品运用于陈列它就变成了展品"（田凯，2011：81）。藏品是静态的、历史的以及孤立的，但是展品的陈展模式却体现了博物馆的人本理念，藏品因此在新的历史和文化语境下，在与诸多同类、同质展品的关联中，得到全新的阐释。因此展品翻译的意义不仅仅在于展品个体的信息传播，更在于文化体系的呈现。

但是，从相关数据来看，博物馆展品英译研究凤毛麟角。随着中国国际地位的逐步提升，中国文化的吸引力也在逐步增强，中国愈发成为世界旅游的重要目的地之一。由此而催生的旅游热潮给馆类景点带来契机，也带来了重大挑战。首先，馆类景区旅游主要以国内游客为主，国外游客群体较小。馆类景区外宣工作还远远不够。其次，馆类景区展品外译还需完善，使展品及其负载的文化内涵能更好地得以传播，凸显中国文化的特色和魅力，避免产生误识。再者，展品陈展涉及光、色彩、空间布置、背景音乐等多种要素的统筹协调，只有上述要素有机融合，才能提供更好的参展体验。其中展品翻译的多模态呈现也是重要一环，但目前对相关科学技术的应用还相当不够。上述问题都是馆类景区展品翻译和翻译研究工作面临的重要问题。

在旅游外宣活动中，语言是信息的载体，也是传播信息的重要工具，准确的信息传达及良好的信息传播效果很大程度依赖于语言的转换翻译。馆类景区展品不仅是一种文化符号，也是一种非文字类型的语言符号，它们自身就是书写和诉说历史的语言。如何将这些负载着文化的符号以翻译的多模态形式传播出去，为中国文化插上一双遨游世界的翅膀，是一件值得深思的学术工作。因而，馆类景区展品翻译这一研究主题有着重要的文化价值和现实意义。

本章将从翻译的传播学研究视角出发，以四川省具有代表性的历史博物馆、科技博物馆和美术博物馆中展品的翻译为例，分析其翻译的现状和问题，并提出相关可行的建议，以期推动博物馆相关文化的外宣，促进四川旅游业的发展，推动中外文化的交流。

一、历史博物馆展品特征及其翻译现状

历史博物馆是指主要陈展历史考古文物的博物馆，如考古遗址等，主要功能是传播历史文化知识，促进文化的传承和传播。历史博物馆更多地体现了历史的维度，在众多历史博物馆中，既有特殊的专门性历史博物馆（如自贡盐业历史博物馆）；也有综合性博物馆（如四川博物馆），其馆内展品既包括历史文物，也包括科技发明和艺术作品。因此，"藏品决定了一个博物馆的性质，决定了一个博物馆的陈展、决定了一个博物馆的品质"（田凯，2011：81）。正规的历史博物馆，甚至收藏机构，都会有自己的宗旨和收藏计划，这两个要素决定其收藏的范围，并往往体现在其基本陈列上。陈展时依照不同的主题以"××馆""××厅"来加以区分，如有临时展出的内容，则以"特展"的形式出现。

四川省是西部大开发的枢纽省份，旅游业的发达是其天然的优势，也是其发展的重要内容之一。四川省内重要的历史博物馆包括四川博物馆、成都博物馆、金沙遗址博物馆、广汉三星堆博物馆、自贡恐龙博物馆等，它们是巴蜀文化历史发展的重要见证者。以综合性历史博物馆——成都博物馆例，它就是按"主题导向的陈展模式"进行展品展列的，包括人与自然专题展（Man and Nature）、灵蛇传奇（SERPENTI*form*）、中国皮影木偶展（Shadow Play）等。其中灵蛇传奇（SERPENTI*form*）主题馆陈展了 180 余件以"蛇"为艺术原形的古今中外艺术品。主题馆分为六个部分，分别

为宝格丽与灵蛇（BVLGARI ①SERPENTI），世纪传承图腾（A Universal Symbol），中国艺术典藏（Chinese Art Scene），东西方瑰宝遍览（Eastern and Western Art Scene），西方艺术珍品（Western Art Scene）和多面灵蛇魅影（Wearing the Snake）。

成都博物馆展品翻译工作已经较为完善，具体体现在以下几个方面。

第一，主题馆各个展区整体性介绍的翻译。在"灵蛇传奇（Serpenti Form）"主题馆中，每个展区都被冠上主题词，统摄了该区艺术或文物展品的范畴与陈展的意图，并配以具体的文字介绍。中文简介文辞清丽，兼富历史意味和散文气息，避免了解说词格式化语言的枯燥。在展区主题词的翻译上，修饰语皆以零翻译的形式呈现，如"世纪传承图腾"中的"世纪"、"中国艺术典藏"中的"典"、"东西方瑰宝遍览"中形容珍品的"瑰宝"和表示展品齐全程度的"遍览"都没有翻译出来，译文简洁。"多面灵蛇魅影"展区陈展的是以"蛇形"艺术灵感而创作的服饰或饰品，译为"Wearing the Snake"，文从其实，一目了然。由于中西方文字表意与表音的结构性差异，中国文字讲究辞藻瑰丽炫美，英文文字则注重逻辑，意义清晰。因此，展区主题词的翻译较好地采用了归化的手法，使其符合英语读者的语言系统。此外，展区内容的翻译采用的是直译方法，并未出现明显的省译或者改译，例如，在宝格丽与灵蛇（BVLGARI SERPENTI）的展区介绍中，有一段中英文介绍：

自古以来，蛇因其难以言喻的迷人特质成为人在多个领域中的灵感之源。20世40年代以来，宝格丽一直致力于攫取蛇形符号那令人回味与惊叹的表现力，并加之于柔软的腕表上，重新诠释了蛇形艺术的魅力。在数十年中成为其独一无二的风格象征。

---

① 意大利的宝格丽，是继法国卡地亚和美国蒂芙尼之后的世界第三大珠宝品牌。宝格丽与成都博物馆联合策划的 Serpenti Form 灵蛇传奇展览于2019年5月登陆"天府之国"——成都，呈现灵蛇这一经典意象在艺术、珠宝和设计领域的多样魅力。

In light of the many fascinating properties associated with it, since time immemorial the snake has been a source of inspiration in numerous fields. Since the 1940s, Bvlgari has been capturing the expressive power of such an evocative symbol, reinterpreting it with supple bracelet-watches that over the decades established themselves as true icons of its bold style.

可以看出，译文语言流畅，表达地道，且原文的意义全部得到了很好的传达。六个展区整体介绍的英文翻译，都采用的直译的方式。

展品标题的翻译。整个展区的蛇形艺术品共计180多件，每一件都用中文标注了名称、创作者、出土年代、出土地点等。以如下历史出土文物"饕餮纹铜簋"的标题翻译为例：

饕餮①纹铜簋② 西周（约公元前 1046—前 771 年）
征集
宝鸡青铜器博物馆
Bronze Gui (Food Vessel) with Taotie, （Gluttonous Beast）
Patterns, Western Zhou Dynasty（about 1046BC —771BC）
collection
China Bronze Ware Musemun in Baoji

标题译文采用了音译加注释的翻译方法，"簋"用拼音"Gui"音译，而其材质"铜"翻译了出来，并注释为"food vessel"（装食物的器皿）；"饕餮"在音译的同时也注释为"Gluttonous Beast"（贪吃的怪兽），这样的翻译方法直观而且清晰。又如：

司母姒康铜鼎商（约公元前 1600—前 1046）
陕西省宝鸡市扶风县西周墓葬出土

---

① 传说中的一种凶恶贪食的猛兽，常见于青铜器上，用作纹饰，称为饕餮纹。
② 用来盛放黍、稷、粱、稻等饭食的器皿，与现今的大碗用途类似，形状不一。

扶风县博物馆

Simu Sikang Ding（Tetrapod Cauldron），Shang Dynasty（about 1600BC-1046BC）

Unearthed from the Tomb in Western Zhou Dynasty in Fufeng County,

Baoji City, Shaanxi Province

Fufeng County Museum

译文同样采用了音译加注释的翻译方法。不像"饕餮纹铜簋"，其中"铜"和"纹"等表材质和造型的形容词得到了翻译。"司母姒康"名字的翻译则完全采用的是音译，并注释为"Tetrapod Cauldron"（像四足动物的大锅），体现了文物的功能，也呈现了文物的形状。

第三，展品翻译的多模态呈现。在"灵蛇传奇"主题馆内，展品翻译除了译文作为媒介之外，亦采用了翻译的多模态呈现方式。例如主题馆内各个展区中英文介绍都有语音导读。用手机微信扫码，就会出现语音导读的界面，游客可以根据需求自主切换成"中文导览"或"引文导览"模式，实现视觉和听觉的双重体验，给广大游客提供了极大便利。此外，在主题馆入口的屏幕上，滚动播放着馆内重要的展品，并且附加了展品的中英文介绍，使游客在入馆之时，对馆内展品进行先期了解。

综上所述，不难看出成都博物馆的展品介绍、翻译与陈展手段已经比较完善，加上主题馆的空间设计、灯光、背景音乐、展品的组合设计等，能让游客获得较好的感官体验。四川省内其他博物馆大多也采用了相似的展品翻译方式和多模态呈现形式。但是走访四川省内的多个历史博物馆后，笔者发现历史博物馆展品翻译仍有不足。历史博物馆中展品翻译多以标题的翻译为主，缺乏对展品细致和深入的介绍，会导致游客对展品的历史价值和现实意义缺乏认知。此外，虽然译文的多模态呈现方式比较吸引游客，但是由于图片、视频展示缺乏语音讲解和文化解读，同时语音导读也缺少图片的配套展示，使游客无法在同一媒介平台上实现视觉和听觉体验的统一。成都博物馆官方网站上公布的 2016 年年度问卷调查报告①中，对游客"参观展览的不愉快经历"的调查结果显示如图 4-1 所示。

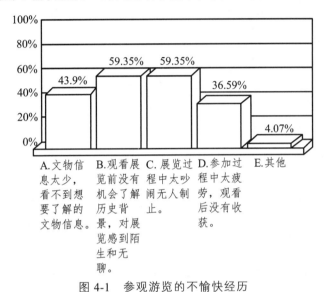

图 4-1 参观游览的不愉快经历

其中，"文物信息太少，看不到想要了解的文物信息"和"观看展览前没有机会了解历史背景，对展览感到陌生和无聊"这两项的不满意指数非常高。中文介绍尚且如此，何况是英文介绍。所以在这些方面，翻译工作有待提升的空间依旧很大。

二、科技博物馆展品特征及其翻译现状

科技博物馆是公益性质的科普教育机构，其中现代科技馆主要通过常设展览和临时展览，以参与、体验、互动性的展品及辅助性展示为手段，以激发科学兴趣、启迪科学观念为目的；历史性的科技博物馆则主要陈展

---

① 数据引自成都博物馆官方网站：http://www.cdmuseum.com/guanzhongdiaocha/201611/436.html。

中国历史上伟大的科技创造文物，以展示中国人民的智慧。科技博物馆还可举办其他科普教育、科技传播和科学文化交流主题活动。从展品内容来看，现代科技博物馆注重科普性展品，科学启蒙是一项全国普及的教育事业，现代科技产品全国流通或普及从全国范围来看，越是发达的沿海地区，科技馆展品的前沿性、全面性、综合性相对也越强。但是历史科技博物馆的展品地域性特色较之现代科技博物馆较强。从展馆的数量来看，科技博物馆的数量地历史博物馆少得多，例如在四川省内，只有四川科技馆、雅安科技馆、自贡盐业历史博物馆等为数不多的几家。

四川科技馆是四川省乃至西部地区规模最大、规格最高、科普展品最为齐全的现代科技博物馆。以该馆为例，其一楼以"三问——问天、问水、问未来"（Three Asks—Ask to the Sky, Ask to the Water and Ask to the Future）为主题，包括"航空航天"主题展厅，都江堰水利工程模型主题展厅和儿童馆（其展品带给孩子们探索、观察、倾听、触摸、讨论、玩耍的机会）。二楼以"三寻——寻知、寻智、寻迹"（Three Seeks—Seek for Knowledge, Seek for Wisdom and Seek for Traces）为主题，包括声光电厅、数学力学厅、虚拟厅、机械厅、机器人大世界及四川省十二五科技创新成就展等六个主题展厅。三楼以"三生——生命、生存、生活"（Life, Survival and Living）为主题，包括生命科学、健康生活、防灾避险、生态家园、交通科技和好奇生活等六个主题展厅。四楼设有"美科新未来学院"（One-Star Institute for the Future）。对于科技展品涵盖面如此广泛的科技馆而言，科普展品的翻译是非常重要的一件工作。四川科技馆的整体性介绍和单件展品的介绍及其翻译工作，都做得比较全面细致，但是在翻译工作中仍然出现了一些不足的地方，具体表现为以下几个方面。

第一，在四川科技馆整体性介绍方面，有馆内实地图文简介以及官网介绍。首先，其官网首页仅有"四川科技馆"馆名，"交通攻略"提示和"志愿者招募"广告的英文翻译，分别为"SICHUAN SCIENCE AND TECHNOLOGY MEUSUM"，"Traffic Strategy"以及"Volunteers Needed"，门户网站提供的双语信息太少，无法给中外游客提供充分的前期了解和认识该馆的资料。此外，仅从这三个名词的翻译就能发现其中的翻译问题。

例如，将"交通攻略"一词译为"Traffic Strategy"并不妥切，"strategy"既有宏观"战略、策略"之意，又有微观"方法"之意，但此处的"交通攻略"是指抵达四川科技馆的交通路线提示或告知，译为"Traffic Tips"（交通提示）更为准确地道。另外，"志愿者招募"更为常见的表达方式为"Volunteers Wanted"。

第二，四川科技馆馆内实地图文简介翻译，以贴近原文且比较僵硬的直译为主，可读性与流畅性不强。有些句子还出现了语法错误和表达上的不当，以下文为例：

四川科技馆是四川实施科教兴川战略，建设文化强省，全面提升公民科学素质的大型科普基础设施，位于成都市中心天府广场北侧，由原四川省展览馆改建而成，占地面积 60000 平方米，建筑总面积 41800 平方米，四川科技馆于 2006 年 11 月 2 日建成开放，经过 10 年运行于 2016 年 6 月进行全面更新改造。

除了一至三楼的常设展区外，四楼创建了美科星未来学院，紧扣青少年的兴趣特点，以跨学科的 STEAM 教育为主，设有蒲公英创客学院、杨梅红艺术与科学创意中心、科学秀场、文轩·格致书馆、次元空间、智胜乐飞航空科普体验园等以动手、动脑、启智为目的的培训、娱乐项目，为打造"每颗星"服务。

Sichuan Science and Technology Museum is a large science popularization infrastructure in Sichuan for implementation of the strategy of prospering Sichuan with science and education, building a powerful cultural province and comprehensive enhancement of scientific quality of citizens. It is located at the north side of Tianfu Square, the center of Chengdu City. It was built through reconstruction of the former Exhibition Hall of Sichuan Province. It covers an area of 60,000 m^2 and has a floor area of 41,800 m^2. Sichuan Science and Technology Museum was opened on November 2,2006 and comprehensively updated and transformed in June 2016.

In addition to the permanent exhibition areas on floors 1 to 3, there is

One-Star Institute for the Future on floor 4. It closely focuses on the interest characteristics of youth and mainly provides the interdisciplinary <u>STEAM education</u>. It is set with Dandelion Entrepreneur Academy. <u>YMM Creative Center for Art and Science</u>, <u>S&E Theatre</u>, <u>Winshare Gezhi Library</u>, <u>Comic</u>, <u>Jet & Joy Aviation Science Experience Park</u> and other training and entertainment programs for manual operation, thinking and inspiring intelligence to <u>create "every star" service.</u>

　　"四川科技馆是四川实施科教兴川战略，建设文化强省，全面提升公民科学素质的大型科普基础设施"一句的译文为"Sichuan Science and Technology Museum is a large science popularization infrastructure in Sichuan *for implementation* of the strategy of prospering Sichuan with science and education, *building a powerful cultural province and comprehensive enhancement of scientific quality of citizens*"，首先"for implementation"中缺少了一个定冠词"the"；其次，"建设文化强省，全面提升公民科学素质"应该是"实施科教兴川战略"的终极目的，而不是译文所表达的三个平行"措施"，因此译成介词"for"的并列宾语"implementation"，"building"和"comprehensive enhancement"是不正确的，应表达为"Sichuan Science and Technology Museum is a large science popularization infrastructure in Sichuan for *the* implementation of the strategy of prospering sichuan with Science and education *so as to build Sichuan into* a powerful cultural province and t*o comprehensively enhance the* scientific quality of citizens"。这样一来就可以避免歧义，使原文的逻辑关系更加明晰，凸显四川科技馆的战略重要性。此外，在主题馆名词翻译上，"美科新未来学院"的英译文为"One-Star Institute for the Future"，"……为打造'每颗星'服务"译成了"...to create 'every star' service"，"蒲公英创客学院"翻译成了"Dandelion Entrepreneur Academy"。这几处翻译可能让游客不明其意。"美科新未来学院"展厅运营项目分为自营、合营和引进的科普教学和科普表演项目，主要是通过教育的形式实现科普的功能。虽然其经营项目具有教育性、科普性和体验性，但也带有一定商业性，并非以纯研究和纯教育为导向。"美科新"对应

"One-Star"，"每颗星"对应"every star"，如果说这两者有什么联系的话，便是中文"美科新"和"每颗星"谐音。"美科新"很像欧式命名方式，乍看像是从英文音译过来的名字，但笔者没有查阅到已有英文单词或典故，应该是自命的欧式机构名称，同时带有一定寓意——打造未来之星。对于"某某学院"的翻译，分别使用了"Institute"和"Academy"两词，意为"研究院"和"研究所"，这两个词皆指专业性、专门性的研究机构和教育机构，用在此处不恰当。综合以上分析，可以尝试采用音译加阐释的方式，可以尝试将"美科新未来学院"译为"Mei Ke Xin Discovery Hall"。或者沿用其命名法，译为"One-Star Discovery Hall"；将"……为打造'每颗星'服务"译为"help to cultivate the future star of hope in the field of science and technology"，将"蒲公英创客学院"译为"Dandelion Makers Training Hall"。

走访四川省内的多个科技博物馆后，笔者发现，无论是作为现代科技博物馆的四川科技馆，还是作为历史性科技博物馆的自贡盐业历史博物馆，其展品的翻译工作都开展得较为完善，但译文的多模态呈现方面都还不够。

三、美术博物馆展品特征及其翻译现状

美术馆（Art Gallery/Art Museum）是指保存、展示艺术作品的设施，通常是以视觉艺术为中心，具有审美作用、认识作用、教育作用等多方面的社会功能。美术馆"之所以区别于其他类型的博物馆而自成体系，是因为其藏品具有其他人造物无可替代的审美价值"。"美术在博物馆研究中始终占中心位置，博物馆学所关涉的问题都尖锐地体现在美术博物馆学中。"（曹意强，2015：112-113）"美术馆"这一概念"有两个分支，画廊（Gallery）和艺术博物馆（Art Museum）……前者从事藏品的商业性买卖，不属于非营利性的博物馆；后者则属于博物馆的一个子类型，和历史博物馆、纪念馆、科技馆是同类概念"。（王郁，2019：66）相应地，一般情况下，"××

美术馆"往往由文化部门举办，其收藏以近现代艺术品为主。"××艺术博物馆"往往由文物部门举办，其收藏以历史考古类文物居多。但是，由于种种原因，相较历史和考古类的艺术文物，近现代艺术品的社会接受度不高（有社会原因，譬如美育教育的缺失；有艺术发展自身的规律，譬如后现代艺术或曰为了艺术而艺术的艺术放弃了教化、大众传播等功能，不追求社会认同而转向单纯追求艺术家对艺术的理解和表现），所以参观的游客群体较小。而美术展品则是指美术作品的展览，包括绘画、书法、雕塑等以线条、色彩或者其他方式构成的平面或者立体的造型艺术作品，可分为纯美术作品和实用美术作品。其中纯美术作品是指绘画作品，比如油画、国画、版画、水彩画、钢笔画等；而实用美术作品是指借助美术作品的艺术品位而实现观赏和实用双重价值的作品，比如陶瓷艺术、雕塑艺术等。可以看出，任何美术作品都是不分国界的，它们是全世界人们沟通和交流的重要媒介之一。

四川省的美术馆博物馆包括四川美术馆、成都当代美术馆、乐山乌木文化博览苑等，相较于上述的历史博物馆和科技博物馆，参观美术博物馆的游客群体是最小的。但游客中艺术人士或者艺术爱好者的比例较高，具备一定的艺术鉴赏和审美能力，这也是美术博物馆对游客群体的一种无形要求。成都当代美术馆是以收藏、研究、展示中国当代艺术作品为重点的非营利性美术馆，成立于 2011 年，馆内展品包括油画、版画、水墨、雕塑、摄影、影像、装置艺术等。成都当代美术馆的目标是"成为中国最具影响力和专业学术水准的城市公共美术馆"，而且具体采取的举措有：提升"专业的学术影响力"和"承办第五届全国美术批评家年会，并组织专门的学术论坛"。此外，成都当代美术馆设置了英文版网站。相较之下，四川美术馆在对外传播中国美术成就方面就有所欠缺，其馆内展品没有英文介绍，也没有相关的外文网站。成都当代美术馆在逐步树立国内地位的同时，也考虑到了作品对国外游客的吸引力和表现力。例如：

石黑，老家之夜，布面油彩，150×130cm，2012 年

Shi Pi, The Night of Hometown, Oil on Canvas, 150x3250px, 2012.

潘洪雁，世界警察——美国海军陆战队，布面油画，180×120cm，2012年
Pan Hongyan, World Policemen—The United States Marine Corps, Oil on Canvas.

这两幅油画的创作者姓名、作品名，包括作品的画种、材质等都较为准确地翻译了出来，能让外国游客在欣赏这幅视觉艺术作品的时候，了解作品相关的主题和信息。但是在展品的翻译上，成都当代美术馆的相关翻译工作也还有所欠缺，具体体现为：

第一，译名的不统一。成都当代美术馆英文网站上对《睡婴》一画的翻译：

张晓刚　睡婴　布面油画　120×150 cm　2009—2011
ZhangXiaogang Sleeping　120×3 750 px Oil on Canvas 2009-2011

该画的中文标题为《睡婴》，图画中是一个安静睡着的婴儿，"婴儿"应该是一个重要的意象，但其英译名为"Sleeping"。"婴儿"这个主体并没有翻译出来，着重呈现的是"睡眠"，所以属于欠额翻译。但是在成都当代美术馆的展厅中，译名却是"Sleeping Baby"。网站译名和展厅中的译名不一致，这是一个需要引起重视的问题，说明在英文网页建设的时候，有很多工作还非常不细致。

第二，展品信息的错误表达。有一些作品的中文名称比较玄幻、朦胧或者抽象，并不像上文所述绘画作品《睡婴》《老家之夜》《世界警察——美国海军陆战队》那样直观明了，所以翻译起来难度较大。不仅要翻译出画作的名称，还要表达出抽象意向之下的意蕴，不然就容易产生语法或者表达上的错误。例如，

董重，谜花 NO.4，布面油彩丙烯，150×150cm，2012年
Dong Zhong　Puzzle Flower no.4 2012 Oil on Canvas Acrylic 150×3750px

展示画的中文标题为《谜花 NO.4》，创作者董重。董重的多件作品被上海美术馆、北京中央美术学院画廊、上海美术家协会以及个人收藏。2008年，他在新加坡的斯民国际艺苑举办了个人画展"谜"，他的"谜"之系列作品在这个个展上得到了展出，主题"谜"的译名为"Enigma"。神秘梦幻是董重创作的一个特色，他描绘的艺术世界往往是"虚幻、迷离、怪诞"的，双头鸟、怪异的虫鱼和粉色的梅花为他常用的元素。"Puzzle Flower"这一表达，属于纯粹的直译和死译，没有考虑到英语文化中该名称或术语是否存在与合理。沿用董重2008年新加坡个展主题词的英译，该画的英译名可以考虑译为"Flowers in Enigma"或者"Enigma-like Flowers"。

上述差误应该极力避免。成都当代美术馆的展品，有一部分来自名家之手，比如方力钧、岳敏君和周春芽等。他们在国外都举办过画展，获得了中外业界的高度评价。将他们的展品通过翻译的手段，传达其艺术价值，是彰显中国当代艺术水平和魅力，提振中国艺术文化自信的重要手段。另外，随着中国国际影响力的日益提升，中国走向世界，世界了解中国、认识中国的热情也日益高涨。美术馆展品的翻译，甚至是相关英文网站的建设，作为一种便捷有效的向世界展示中国的窗口，在满足乃至激发国外人士认识中国的愿望和期待中发挥着非常重要的作用。成都高校密集，有一定来自全球的留学生，他们在一定程度上是成都的海外代言人，劣质且缺乏信息含量的译文只会贬损中国艺术的形象和价值。

四、历史博物馆、科技博物馆和美术博物馆之于景区展品翻译的分类意义

从功能来看，历史博物馆、科技博物馆和美术博物馆的功能大致相同，即提供教育机会、提升知识水平、提高审美能力以及增进文化交流等。但不同的是，历史博物馆侧重历史文化知识的传播，美术博物馆侧重审美意识和情趣的培养，而科技博物馆侧重科学知识的认识和普及。从展品呈现方式来看，历史博物馆和美术博物馆主要以静态的物件陈展和动态的展品图片播放方式为主，而科技博物馆则还有探索、观察、倾听、触摸、讨论

等形式，让游客进行参与式体验。从目前展品翻译的策略和方法来说，历史博物馆展品翻译侧重于直译、音译、意译加注释、省译，将展品的名称、作品、材质、创作年代等信息表达出来；科技博物馆展品翻译则以直译为主，因为科技发展、科技信息的流通和使用更具全球性，在英语文化中有较多的翻译对应项，部分以中国特有文化现象、名物等命名的科技发明则以音译和意译为主，注释使用相对较少；美术博物馆展品翻译，是为了辅助艺术视觉效果的传达，大多数艺术形象具体、作品名称直观的展品采用直译的方式，艺术形象和作品名称抽象的展品则采用意译的方式，为了不影响艺术作品的美学效果，注释的翻译方式则较少使用。

实际上，"博物馆"这一名词中，"博物"就已经具有"种类繁多、无所不包"的意思，历史博物馆、科技博物馆和美术博物馆都统摄在"博物馆"之下。历史博物馆特指主要陈展历史文物的综合性博物馆，侧重于历史性和历史价值；科技博物馆侧重于古代或现代科学技术发展成果的陈展；美术博物馆则以美术艺术作品的陈展为主。美术博物馆和科技博物馆都是专门性的博物馆。

第二节　景区展品翻译的传播学研究

传播学萌芽于 20 世纪 20 年代，成型于四五十年代，到了七八十年代，在北美、西欧、日本等地区和国家得到了快速发展。"它是研究人类一切传播行为和传播过程发生、发展的规律以及传播与人和社会的关系的学问，即传播学是研究人类如何运用符号进行社会信息交流的学科"（董璐，2008：15）。传播学在 20 世纪 70 年代末被初次引入中国，之后陆续有学者开展相关纵深研究。吕俊是国内最早将翻译研究纳入传播学研究领域，将其视为传播学研究的一个分支的学者。从传播学的视角研究旅游翻译的论文及其他学术成果并不多，以"传播学"加"旅游翻译"为主题词在 CNKI 进行论文查询，仅有 20 余篇，专著也唯有刘安洪与谢柯所著的《传播学视阈下的旅游翻译研究》（2014）一书。"旅游翻译涉及有关旅游宣传的各个方面，

包括旅游宣传册、酒店简介、景点介绍、旅游杂志等。"（覃海晶，2015:71）
景区翻译介绍是其中的关键和重点，涉及景区文化的内宣和外宣活动，其
实质是旅游文化信息的海内外传播，所以从传播学的理论视角出发，探讨
景区翻译，尤其是较少为学者所关注的景区展品翻译具有重要的现实意义
和价值。在讨论传播学视阈下的景区展品翻译之前，有必要对翻译的传播
学研究方法进行理论的溯源和梳理。

一、传播学与翻译的传播学研究

时代变化是传播研究兴起和发展的诱因，例如资本主义发展对信息的
要求，战争的爆发对国际宣传的需求，等等。但是，传播学产生的思想和
理论渊源则直接源自控制论、系统论和信息论等理论体系，并得益于新闻
学的发展。1948年，拉斯韦尔（Harold Dwight Lasswell）集众家之长著成
了传播学的开山之作《社会传播的结构与功能》（*The Structure and Function
of Communication in Society*），并在书中提出了后来颇负盛名的"5W"传
播模式——who（谁来说），what（说什么），in which channel（传播渠道），
to whom（受众），with what effect（效果）。十余年后，布雷多克（Richard
Braddock）在"5W"的基础上，增添了传播环境（what environment）与
传播目的（what aim），成为了"7W"模式。拉斯韦尔针对"5W"传播模
式，提出了"5A"分析法——control analysis（控制分析），content analysis
（内容分析），media analysis（媒介分析），audience analysis（受众分析），
effect analysis（效果分析）。具体如图4-2所示（孙利，2016：68）：

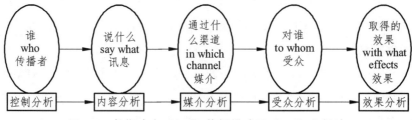

图4-2 拉斯韦尔"5W"传播模式及"5A"分析法

其实，不同学者在各自的理论中也对拉斯韦尔"5W"传播模式中的几个要素进行过同理的分析或阐释，形成了跨学者之间的理论对话、相互借鉴和吸收。例如，早在 1943 的《生态心理学》（*Psychological Ecology*）和 1947 年的《群体生活渠道》（*Group Life Channels*）两本书中，心理学家库尔特·勒温（Kurt Lewin）就提出和正式分析了"把关人（gatekeeper）"理论。"把关人"在信息传播过程中起着过滤、筛选的作用，决定报道素材的取舍、报道重点、报道信息解读等。"具体来说，传播者的把关过程包括：（1）搜集信息（即到社会乃至自然界中去寻求适合传播、有传播价值的信息）；（2）过滤信息（根据传播目的、信息和受众的情况等，对已搜集到的信息进行筛选和过滤）；（3）加工信息（将确定要传播的信息进行符号化的处理，即编码，加工成为讯息）；（4）传播信息（将制作好的传播品，如节目、报纸、影片等通过媒介的网络和渠道发布出去，抵达受众）"（胡正荣，2008：153）。事实上，勒温的"把关人"理论可以说是对拉斯韦尔"5W"传播理论中"who""what"和"in which channel"的合体分析和讨论。此外，社会学家保罗·拉扎斯菲尔德（Paul F. Lazarsfeld）于 20 世纪 40 年代提出了两极传播理论（two-step flow of communication）。在他看来，大众传播媒介的信息是要分两步走的：第一步是从大众媒介到受众中的舆论领袖，第二步是舆论领袖将媒介的信息扩散到广大受众。舆论领袖也就是意见领袖，在信息的二次传播中发挥着极为重要的作用，一定程度上在信息二次传播的过程中同样充当"把关人"的角色。两级传播理论是传播研究的一个重要里程碑，也是对拉斯韦尔"5W"传播理论中"in which channel"和"to whom"问题的分析与研究。1953 年，社会心理学家卡尔·霍夫兰（Carl Hovland）在《传播与说服》（*Communication and Persuasion*）一书中提出，"传播就是某人（传播者）通过传递刺激信号（一般是语言符合）以改变他人行为的过程"（李彬，2003:37）。他的这个定义是对拉斯韦尔"5W"传播理论中"with what effect"问题的探讨。威尔伯·施拉姆（Wilbur Schramm）是传播学的集大成者，他认为传播过程涉及八个要素：source（信息源）、message（信息）、encoder（编码者）、channel（渠道）、decoder（解码者）、receiver（接受者）、feedback（反馈）、noise（噪音）。他的"八要素论"相较于拉斯韦尔"5W"传播理论，将更多传播过程涉及的因素纳入了考量范围。

此外，美国电信工程师香农（Claude E. Shannon）于 1948 年提出"信道"这一概念，他认为传播的整个过程由五个环节（信源、编码、信道、译码、信宿）和噪音构成。在翻译研究中，"信道"是指读者的接受能力或解码能力（decoding capacity）。一般情况下，译文读者理解原文的信道往往会小于原文读者的信道，出现信息传输过载（communication overload），从而堵塞信道，造成理解的不顺畅，导致传播和接受的效果不佳。这时译者就需要"冗余（redundancy）"信息，即让原文信息顺利向译文读者传播。但"冗余"信息并不是指随意使用增译的方法，凭空增加原文中不存在的信息，而是将原文中隐含的信息明细化。

总而言之，翻译活动不仅是信息跨文化传播的重要渠道和手段之一，其本身也是一种文化传播活动，"从传播过程的基本要素来分析翻译活动，在翻译过程中存在两次传播过程，传播者是作者和译者，作者是第一传播者，译者是第二传播者"（杨雪莲，2010：47），所以在传播学视阈下探讨景区展品的翻译将涉及以上诸多复杂的传播学要素（详见图 4-3）。以下章节将对其中重要的要素进行分析，以便在具体的环境中指导各类博物馆展品的翻译。

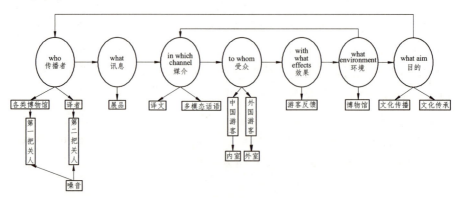

图 4-3　传翻学视阈下景区展品翻译的传播要素图

二、译者角色与受众

在传统的翻译研究中，译者的地位是相较于原作者而言的。在作者中心论的研究范式下，译者的身份和地位是被遮蔽的，原作者的地位神圣不可侵犯。在译文与读者中心论的研究范式下，译文的可接受性成为翻译和研究的重心，译者的主体性地位得到凸显，译者的创造性和主观能动性能得到更好的发挥。但是，在翻译的传播学研究视阈下，译者的主体性地位则突破了传统"作者—译者"的两极划分，被纳入到更复杂的因素群中考量。此时，译者作为跨文化传播使者的身份得到强调，译者具有独特的双重身份，既是源语信息的接受者，又是目的语信息的发出者；既是源语信息的解码者，又是目的语信息的编码者。译者通过翻译手段，负责筛选、过滤、加工、传播信息等相关事宜。借用保罗·拉扎斯菲尔德的两极传播理论，可进一步阐释为：在跨语言、跨文化传播交流中，译者是源语信息的一级传播受众来说，同时也是终极传播受众的信息传播者，也就是说需要译者二度传播才能抵达目的语读者受众。对于原文作者而言，译者是受传者，也是再传者；对于受众来说，译者是传播者，也是引导者。如果在这个传播过程中，译者能够通过翻译活动成功发挥"舆论领袖"或"意见领袖"的作用，那么传播的效果肯定会更好。

在传播学视阈下进行景区展品的翻译研究，展品介绍信息的中文作者与其译者之间的关系如何？通过走访参观四川省内的多家博物馆，笔者总结，景区展品介绍信息的中文作者可以分为两类：一是博物馆相关工作人员，通过搜集、筛选、过滤和加工信息，决定展品信息传播的内容和重点，并解读信息，例如展品创作年代、用途、材质、价值等；二是展品的创作者，例如美观馆展品的名称。译者与作者之间的平等对话与合作的地位并不明显，更多的是一种雇佣关系，作者对译者具有相对的制约性和支配权，译者依附作者并帮助他们完成作品在异地的再创作和传播。这一点从上文的分析便可以得出。大多数博物馆都没有自己固定的翻译工作团队，没有创建相关的英文网站，有些博物馆甚至没有展品的翻译。很多翻译工作是由非专业、略通英文或其他外文的相关工作人员完成的，这也是景区展品翻译和研究工作凋敝的重要原因之一。译者与作者处在同一传播体系中，作者为传播者，译者也为传播者。就传播受众而言，二者扮演的角色并非各自独立，而是合作延续的。作者实施第一次传播，译者实施第二次传播。"博物馆和原作者"成为了信息传播的"第一把关人"，他们具有"筛选、过滤、加工及传播信息"的绝对权力和优势，而景区展品翻译者主要负责"加工"原文本的信息，"筛选、过滤"的权利和空间狭小，因而他们成为第二次传播中"意见领袖"的可能性也微乎其微。

　　下文将详述传播学视阈下景区展品翻译译者与受众的关系。景区展品译者与受众关系的特点为：译者是信息的再传播者，受众通过译者与作者间接对话。景区展品的受众包括中国游客和外国游客。从英语能力来看，中国游客中也包括大量关注、学习、甚至研究展品翻译的游客，因此从传播学的视阈研究展品翻译应该放眼于一般意义上的受众，而不仅仅是国外游客。受众对展品和原文作者的认识，建立在译者对展品和原作者的认识之上；译者对展品的解读和翻译会影响中外游客对展品的认识，进而影响他们对展品和原文作者的判断、信赖和接受。翻译译文的受众同一般意义上的受众一样，随着社会的发展变化，观念不断更新。尤其是在价值观多元化的今天，受众不再是被动接受者，他们在传播环节中的主体地位日益得到重视，受众的接受程度成为翻译活动可行性与必要性的重要考察指标。因此，对受众进行理性的分析，翻译活动的目的将会更加明确，传播效果和质量就会大大提高。简而言之，受众是翻译效果的检验者。景区展品翻译的受众（中外游客）由于语言、文化、教育背景及生活环境等的差异，对展品的理解方式、关注内容、需求层次也具有个体性的差异。他们对展品翻译质量优劣的反馈多表现在观赏过程中口头上的褒或贬，少有学者就展品翻译问题诉诸科研活动，进行深层次的思索。知网上仅有寥寥几篇论文关注展品翻译，为研究受众或受众群增添了很大的难度。这就要求我们在从事景区展品翻译传播研究时，必须对展品的目标人群（或受众）进行先期调研，包括地域文化、社会阶层、教育背景、年龄层次以及职业类别等，对这些因素进行科学界定、归类和分析，以便提供更好的景区展品翻译服务。

三、原文本与译本

中外游客对展品的欣赏可以分为三种类型。第一种是视觉欣赏型。游客对展品进行直观的视觉欣赏，包括展品的造型、颜色、材质、工艺，等等，这些审美元素一般不需要语言介绍也能被游客感知。部分游客的欣赏止步于此，只为满足视觉的享受，这种观赏花费的时间最短。这种观赏对应的是展品审美功能的初步实现。第二种是深入了解型。游客会在视觉观赏的基础上，进一步借助展品的中文名称和相关内容介绍深入了解展品，包括展品的创作年代、功能、文化内涵、价值和意义等。游客不一定详细了解每一件展品，也不一定具备相关的知识储备，但可以从观赏中增长知识，但是这种观赏花费的时间较长。这种观赏对应的是展品教育功能的实现。第三种是拓展学习型。游客会在视觉审美和知识增长的基础上，就知识的缺位进行及时的学习补充和拓展，并进行批评性的思考。例如成都博物馆"灵蛇传奇"主题馆中的展品"饕餮纹铜簋"，大多数游客并不知道"饕餮"和"簋"这两个生僻字的读音，但他们可以借助译文中的音译了解其读音为"Taotie"和"Gui"，了解具文化内涵和功能分别为"Gluttonous Beast"和"Food Vessel"。外国游客则可以根据翻译，初步了解该展品的名称、作用、创作朝代等。对中国游客而言，博物馆实现了展品文化传承的功能；对外国游客而言，则实现了文化对外传播的功能。

翻译作为一项跨文化的交流活动，必须考虑译本在受众中的可达成度，即交流和文化传播的效果。在景区文化传播的过程中，景区展品翻译译文就是实现这种交流和文化传播效果的重要渠道之一，且效果直接体现在受众的反馈上，如受众对译本进行的文本分析和批评，主要包括对译本文本类型的划归、原文本与译本的对照和比较、原文本文化内涵的传译等。由此可见，在传播学视阈下，展品译文处于"传播者—传播目的—讯息—传播媒介—环境—受众—效果"这一信息链的核心地位，没有作为"传播媒介"的译文，信息链将会断裂，也谈不上信息的完整传播。

纯文字信息是抽象非直观的，而展品即便没有语言文字的说明，游客也可能对其有自己的解读和认知。展品本身以及作为原文本的展品标题和展品介绍，和纯粹的语言文字信息之间既有相似性，也有差异性。相似性在于两者本质上都是某种信息，都需要借助翻译手段才能让异语受众得以感受、了解和认识。差异性体现在，景区展品翻译原文本的构成要素更为复杂。原文本中包含着必不可少的实物展品，脱离实物的介绍和翻译只能成为一种抽象的文字表达。展品既是直观的实物，又是一种特殊的语言符号，需要译者根据考古发现、习俗传统、文化社会背景等综合信息去解读、阐释及表达。此外，差异性还表现在翻译内容的层次上，展品翻译涉及展品标题的翻译和展品介绍的翻译。展品标题短小精悍，信息集中，一般包括展品名称、展品创作者、创作年代、展品功能和特征、展品材质等。考虑到展品标题信息的简洁性、陈列设计、展品规格及相应标牌尺寸等，版面大小的局限性导致展品标题不可能提供丰富完整的信息，所以展品标题翻译要求简明、扼要和准确。展品介绍是指对展品进行深度介绍的文本，同样以展品实物为先导，但是内容更加详实充分，因而篇幅较长，是对展品标题信息进行的补充，往往以宣传单、内部书刊、多媒体推介、专门的App、网页介绍等形式存在，以便游客进一步查阅和学习。展品介绍的翻译一般要求译文符合英语表达习惯和受众需求，采用直译、减译、注释等多种译法相结合的方法，为游客提供准确有用的信息。鉴于空间局限、体验的流畅性等原因，展品介绍有时无法直接呈现在实物旁。

四、翻译的操纵

美国科学家诺伯特·维纳（Norbert Wiener）在《控制论》（Cybernetics）中提出控制理论。他认为通过信息调节特定的系统使其达到理想的状态是控制的本质。受控制论理论的影响，在翻译的传播学研究视阈下，翻译传播的整个系统中，涉及源语、源语作者、原文本、传播目的、译者、目的语、受众、传播渠道、传播媒介、传播效果等多方面因素，各因素之间并非孤立无关，而是相互关联、相互渗透、相互影响，构成一个统一的综合体。在这个系统中，翻译活动既受翻译发起者的操控，也受译者的操控，还受政治、经济、社会、文化等情境性因素的操控。翻译发起者的操控行为包括：源语文本的选择、译者的选定、翻译标准的选择、宣传模式的确定和出版途径的选择等。译者在翻译过程中所实施的操控行为包括：翻译原则的确定、翻译策略和技巧的选择、译文的呈现形式等。在翻译活动中，译者要身兼两个向度的工作任务，一是深入原文本生成的各种情境要素中，二是熟悉译文生成的目的语文化习惯。译者除了要精通外语之外，还应具备渊博的中外背景知识。翻译发起者和译者还应履行好"信息把关人"的角色，在传播制度和翻译政策的约束下开展翻译实践活动。

景区展品翻译的发起者是博物馆相关工作人员，他们控制着展品信息原文的创作、译者的选择、展品的组合、陈展模式和主题的规划等工作，对受众（中外游客）的信息接收量、接收效率和接收效果，以及美学价值、教育价值和文化价值的实现产生着直接的影响。除此之外，博物馆工作人员控制着展品翻译工作在整体工作中的比例、份额和地位等，翻译团队的组建，译者的选择和确定，翻译目标和规则的制定，译本的检阅和验收等。最后工作人员还控制着译本的多模态呈现形式，如语音形式、视频形式等。根据上文的分析，由于博物馆翻译团队的有无、翻译团队力量的大小、翻译能力的强弱和翻译水平的高低等直接取决于其国际定位和眼光、外国游客群体的大小和展品的国际化程度等，所以各类博物馆工作人员的实际决策和控制对展品翻译的质量产生着至关重要的影响，对展品翻译的传播和接受起着直接、第一把关人的作用。而景区展品的译者，作为职业译员也好或者兼职译员也好，虽然对翻译策略和技巧的选择具有决定权，但是对于展品翻译的传播和接受起的是间接、第二把关人的作用。

由此可见，景区展品翻译的过程实际上就是一个操纵的过程。这个过程有译者能够左右的操控，也有不受译者左右的操控。翻译操控的最终目的，一方面是实现操控者们的意图，另一反面是通过读者反馈进一步调整操控以满足受众的期待心理，最终达到整个翻译传播系统的理想状态。

五、展品翻译的媒介及传播效果

在任何一种翻译过程中，媒介都始终担负着信息传输的重要任务，它是原文信息的传输者，也是原文信息的载体。原文本翻译的效率、速度、质量、规模、传播和接受等与媒介形式的有效选择与合理利用关系密切。"历史上任何一次大规模的翻译活动，都与特定时期的媒介技术发展有着必然的联系。媒介技术的发展，大致经历了口语传播、纸质传播、电子传播、互联网传播、新媒体（如手机）传播等五个发展阶段，每个阶段的翻译活动都呈现出某种媒介特质。媒介技术的创新与多样性发展，为我们开展各种形式的翻译活动创造了硬件条件"（张生祥，2013：118）。景区展品的翻译媒介也经历了从单一到多元的发展。改革开放之后，在百废待兴的旅游业中，翻译工作几乎停滞。旅游业发展之初，也多以导游人才的口译介绍为主；随着旅游景区的开发与完善，标识语翻译、旅游指南翻译、景点翻译等工作也在不断地推进，很多景区都实现了中英双语介绍的普及。进入21世纪以后，景区翻译工作不仅进一步得到推进和细化，更多的翻译媒介也得到了运用，例如英文网站的推介、双语或多语音频导读、视频播放、各种手机应用的开发，"很多美术馆都设有免费的展览解说团"（张心龙，2011：12）等。景区展品翻译也逐渐受到关注，翻译媒介得到了极大的丰富，进入了便利化、多模态的翻译阶段。以成都博物馆为例，其展品的翻译不仅有语言文字形式的展品标题翻译和展品介绍翻译，可以满足中外游客信息摄取的需求；此外还有以语言文字翻译为基础的英文音频导读，可以在听觉上起到信息传播的作用；同时，还有展品图片的循环播放，并配以中英对照名称。多种翻译媒介的综合使用大大提高了展品翻译信息的传播和接受，可以说，没有多元化的媒介，就没有景区展品翻译工作的飞跃。

翻译媒介的开发和使用需要各类博物馆的大量资金投入或设备投入，是展品翻译工作得以推进的重要硬件设备，而译者"作为翻译传播中信息的把关人，除了加强个人的专业素养之外，还要提升自身的媒介素养，既要了解各种媒介的类型和特点，还要对传播媒介的选择与翻译文本之间的关系有一个系统的认识。唯此，才能顺利地开展翻译活动，高效而又准确地将译本信息传递给目标人群或受众。如今，随着网络技术的快速发展，新型媒介手段的不断涌现，对译者的媒介素养提出了更高的要求。对于翻译研究者和传播者来说，也需要对媒介进行深入的了解和认识"（张生祥，

2013：118）。所以，译者是景区展品翻译重要的软件力量。

在传播媒介不断改进和丰富的情况下，信息传播的效果确实能相应地得到明显的提高。但是传播效果还会受到多种因素的影响和制约。"传播效果指传播者发出的信息经媒介传至受众，引起受众思想观念、行为方式等的变化。受众对信息接受的效果与传播者的初始动机相符效果则好"（张健，2001：24）。在狭义上，传播效果通常是指传播行为在多大程度上实现的传播者的意图；在广义上，指大众传播媒介的活动对受众和社会产生的一切影响和结果的总和。景区展品翻译的第一目标受众为国外游客，他们"来自西方社会，与我们之间存在很大的文化差异，他们是否愿意接受我们主动'输出'的文化信息，是否愿意接触信息源，他们的阅读需求和期待、审美心理等均会不同程度地影响传播效果"（吕斐宜，2007：51）。景区展品翻译的第二目标受众则为中国游客。中外游客分属于具有不同思想和文化背景的群体，对传播的信息表现出不同的心理需求和文化需求。因此，受众对信息的接受效果并不取决于传播者的主观愿望，而是取决于受众的审美需求。在信息爆炸的时代，受众为满足自己的各种信息需求，也在选择传播源，以便确定更丰富、更全面、更权威的信息来源。具有文化同质性或者相似度的旅游目的地，其实存在信息传播的竞争。所以，较好的传播效果固然需要完善和多样化传播媒介，同时也需要对目标受众有清晰的定位和认识。"如果受众对我们译作传递的文化信息不接受、不认知，就谈不上感情和态度的改变，更谈不上受众行为的转变，那样的话，中国的对外文化传播和文化走出去就成了无本之木，无源之水"（关世杰，2006：36），中国的文化传承也就同时会发生误识和断裂。

最新的接受研究成果证明，"翻译效果还受'译者身份'的影响"（张生祥，2013：119）。译者是景区展品翻译的第二信息把关人，属于第二次信息的传播者，信息的成功传播和接受在一定程度上有赖于译者发挥"意见领袖"的作用。但是，并不是所有的译者都可以成为景区展品翻译的权威"代言人"，译者身份和学识名望越高，其译文作为"舆论导向"的作用就越大，对接受效果所产生的积极推动作用也就越大。此外，"噪音"也是影响翻译传播效果的又一重要因素。"任何阻碍有用信息流通的障碍和不属于信息来源原意的附加物，都是传播学研究中的噪音"（郭庆光，1999）。通常上讲，翻译传播不同环节存在的噪音有不同的种类，它影响着传播过程与传播效果，如"政治干预、人为控制、自然灾害、种族歧视、社会偏见、等级观念以及媒介手段的使用不当，等等"（张生祥，2013：119）。因此，在研究翻译传播，尤其是研究传播效果时，应该重视噪音的存在、产生机理以及最大可能减少和消除噪音，以保证传播效果的最大化。影响景区展品翻译的噪音有很多种，主要有社会偏见、审美教育和语言教育相对滞后等。中国社会普遍认为博物馆展品一般属于视觉欣赏艺术，在满足视觉审美的情况下，文字介绍往往属于辅助的信息，英译文不免有些多余与无用，且参观的外国游客群体相对较少。"无用"与"无意义"论导致景区展品翻译陷入了"鸡肋"之境地。其次，国人的审美教育和历史文化普及的程度还不够，旅游群体停留在较为浅层的旅游体验；探究文化内涵，尤其是从文字所承载和折射的文化内涵方面进行文化深度游还不是主流，所以景区展品翻译的现状还仍然有待推进与改善。

第三节　传播学理论视阈下的展品翻译策略与方法

在传播展品信息及其负载文化时，传播者（博物馆及译者）如何有目的、有意识地使传播内容被受众接受，如何使信息分层次、分步骤、按需求度的差异性合理地呈现出来，同时恰到好处地协调译语文化和源语文化之间的文化差异尤为重要。从传播学的视角来看，翻译传播学对翻译媒介、翻译效果的研究最为集中，对翻译受众和翻译传播者的分析也是重要课题，但是对翻译讯息（即翻译原文本）的细致分析进而制定相关翻译策略的研究并不深入，尤其是在博物馆展品翻译的问题上。笔者认为，博物馆展品翻译应该采取分级翻译的方法，具体是指将展品信息按信息含量的大小分成若干层级、采用不同的翻译方法将其译成目的语，并负载于不同的翻译媒介，让不同的游客群体按照各自的需求摄取相应的译文信息，如此一来可以更好地实现信息多层次、循序渐进的传播和接受（详见图4-4）。

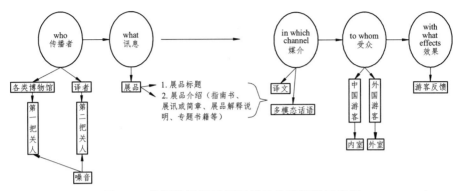

图 4-4　传播学视阈下景区展品分级翻译示意图

如图 4-4 所示,在传播学的理论视阈下,展品信息可分为"展品标题"和"展品介绍"两个层级。展品介绍具体包括参观指南书中、展讯或简章中相关展品的简述,关于展品的深度解释说明,或者关于某件展品或系列展品的专题书籍等。实际上,在四川省内多个和多类博物馆中,展品分级翻译现象是普遍存在的。遗憾的是,展品分级翻译并未成为系统的翻译活动或者翻译活动的指导原则。以成都博物馆"灵蛇传奇"主题馆为例,展品标题的翻译工作开展得非常细致,每一件展品的标牌上都有中英文对照介绍,同时馆内指南书和简章介绍的翻译非常完备,并配以音频导读和图片视频展示,游客接受和反馈较好。但是展厅中没有具体的展品解释说明,因而也就没有以陈展形式出现的译文,游客无法进一步了解感兴趣的展品。虽然,主题馆礼品店出售《灵蛇传奇》主题书籍,详细记载了 180 余件展品的具体信息及其译文,游客可以从此书中一窥究竟,但是并不是所有游客都能发现该书的存在,而且书籍售价为人民币 888 元,价格之高,让游客"望而却步"。这些"噪音"间接导致了展品信息的欠额传播和浅度接受。

再以自贡盐业历史博物馆为例。该馆作为中国唯一的盐业历史博物馆,其成立和发展受到了国家领导人的极大重视和扶持,体现在翻译上就是博物馆工作组作为"传播者",对展品信息的一次和二次传播都非常重视,实施了积极的操控。首先,该馆作为一个主要介绍制盐技术发展史的博物馆,出土文物并不是其主要展品,主要是工艺程序的图片展示、活态的工艺设备或历史实物展示、古籍展示等,所以其翻译媒介也略有不同,每项展品标题都译为了英文（主要以名称翻译为主）。其次，展品标题下直接对该展品进行了解释说明，并配以英文译文，分级翻译开展得较好。中外游客在了解了实物或图片名称之后，还可以即时了解展品具体的历史文化信息，形成对制盐科技历史的整体认识。但是博物馆的音频导读和纪录片解说没有录制英文版本，多模态译文呈现形式利用得并不到位。

一、展品标题翻译

谈到"标题"，读者很自然地就会将这个概念的特定内涵与新闻工作等语言写作活动联系起来，因为"标题"一般指的是文章的主题，它常常以简明扼要、高度概括的方式体现文章的主要内容。但实际上，"标题"不仅仅可以统摄文章，还可以表示其他创作物品的名称。"标题"中内含了一种创作的努力，一种命名的活动，与其他常用专有名词存在本质上的区别。展品标题是指各类博物馆中展品名称、创作者、创作/出土年代、用途与价值、展品材质等信息的集合，往往以标牌的形式放置于展品周围，供游客了解与认识。展品标题体现了博物馆工作组进行信息重组和操控的努力和创造力，他们在结合展厅空间设计和布局后，再确定信息提供量的大小，以保障视觉美不受影响。所以展品标题一般短小精悍，信息集中。根据博物馆性质和人文立意的不同，展品标题中所涵纳的信息丰富程度也有所不同，因此各类博物馆展品标题的翻译策略选取也呈现出了差异。展品标题的翻译至关重要，因为标题是展品的"题眼"，提供了外国游客快速了解展品的基本信息。历史博物馆、科技博物馆和美术博物馆展品各自蕴含的美学价值有所不同，各自的受众也大异其趣，在传播学的视阈下，采用的翻译策略和技巧也有不同。

（一）历史博物馆展品标题翻译

历史博物馆中的展品多为出土文物，它们早已从现代日常生活中消失。它们的名称、在当时的时代所具有的使用价值等需要我们回到历史中去重新认识。所以在历史博物馆的展厅中，展品标题需要给游客提供想要了解它们的基本信息：名称、材质、年代、功能、文化意义等。这些信息被浓缩在标牌上，成为每一件展品的"身份证"。历史博物馆工作组负责制作和规定"身份证"的内容，译者负责将"身份证"翻译出来，使国外游客能够认识它，并将这些镌刻着中国辉煌文化历史的"身份证"信息带回

他们自己的文化。所以历史博物馆展品标题的翻译旨在向国外游客提供展品客观的描述性信息，惯常的翻译方法为音译、直译、意译和注释等。从信息传播的视角来看，历史博物馆的展品大多数也都是国人所不了解的历史文物。国人以今眼看其古名，往往会觉得其名称怪异、书写生僻，文化意象迥异于现代，因而认识上也存在难点，何况是国外游客。译者可采用分级翻译，标题的翻译既要适当保留源文化特征，又要让不了解文化背景知识的外国游客不产生困惑，同时以简洁的语言形式表达，不可谓不难。以传播学视阈下金沙遗址博物馆的展品标题翻译为例：

例1：博物馆展厅中"四节玉琮"的译文为"Four-sectioned Jade Cong"。由于金沙遗址是一处商周时期遗址，是公元前12世纪至公元前7世纪长江上游古代文明中心——古蜀王国的都邑，所以馆内展品统一都没有译出所处历史时代。展品标题的译文只译出了名称，其功能、用途等都没有译出。很明显，"four-sectioned"表示"四节、四个部分的"，译文能够给游客形成图文并茂的印象；"jade"指出了展品的材质；但是"琮"是说明展品实质的核心词，国内很多游客也许都不明其涵义，音译成"cong"之后，由于原文所负载的文化信息与受众的信道不吻合，导致受众无法接收信息。经笔者查阅资料，发现学术界对"玉琮"的功能尚无定论，但普遍认为其是古代人们用于祭祀神祇的一种礼器。从传播学视角、受众的立场的来看，可以用直译、音译加注释的方法尝试将"四节玉琮"英译为"Four-sectioned Jade Cong （a jade-ware for religious rituals）"，以"冗余"信息来拉长信道，从而使外国游客获取更多具有文化内涵的信息。

例 2:"有领玉璧"的译文为"Jade Collard Bi"。此展品中，"玉璧"是名称的核心词，指出了材质和形状，音译为"Bi"，同样无法使原文负载的信息较为顺畅地传播给受众。"璧"是一种玉器名，扁平、圆形、中心有孔，边阔大于孔径，是古代贵族朝聘、祭祀、丧葬时用的礼器，或者佩带的装饰。所以可以将"玉璧"尝试译为"jade disc"，或者用音译加注释的方法译为"jade Bi（a jade-ware for rituals or ornaments）"。"有领"表示形状，是对"玉璧"进行的修饰。根据英语中多个形容词修饰中心名词的规则，表形状的形容词要置于表材质的形容词之前，所以整个标题可以考虑以为"Collard Jade Disc"或者"Collard Jade Bi（a jade-ware for rituals or ornaments）"。

金沙遗址博物馆中，一部分展品标题是按照以上直译加音译的形式进行翻译的，一部分展品标题之下，直接附加了对展品的进一步介绍，因此除了标题翻译，还包括了下文将要讨论到的展品介绍翻译。所以展品信息的译文以不同的规格呈现在受众的面前，或短或长、或简或详。以上两个例子，虽然并不能代表所有历史博物馆展品标题翻译的方法，也不能说明所有博物馆都采用的这种直译加音译的模式，但是单纯以拼音音译形式来翻译展品标题或介绍某些文化负载词的弊端是比较明显的。这是一种以异化的手法保存中国文化的特色，还是作为一种人为"噪音"干扰信息在受众群体中的可达成性，还得就国外游客的旅游体验和反馈信心进行调查分析，才能更好地说服博物馆的工作组和译者。

（二）科技博物馆展品标题翻译

科技博物馆的展品多为科技实物、科技模型、科技工艺流程展示图片、出土文物或者相关记载资料等，它们中的部分科技已被历史淘汰，部分科技经改良后仍沿用至今，部分正处于当下科技发展的前沿。科技博物馆中，体现现当代科技发展的展品标题往往可以在英文中直接找到对应项（equivalent），然而，历史性科技博物馆中代表中国古代辉煌科技创造成就的展品，往往负载着中国历史文化知识，尤其是某些地方特色的文化知识。此时，其标题翻译要注重对文化内涵的传达。此外，这些科技展品如果仅仅以标题翻译呈现给国外游客，那么国外游客只能获取某一科技发展的只言片语或者零散性的知识和信息。不同于历史博物馆中出土的文化展品，科技博物馆每一个都是具体而生动的语言符号，能折射出几百、几千年前的生活百态。科技展品重在其科技实用功能和其在科技发展史上的地位和贡献，所以仅仅以标题翻译完全不够。因此在历史性科技博物馆中，在展品标题下，往往都有对该展品具体功能、发展历程和历史意义的详细介绍。这样一来，在分级翻译法中，将展品标题和展品介绍综合到一起，进行一步到位的整合翻译较为常见，国外游客可以根据需求来阅读相关信息。兴趣不浓，则浏览一下展品和标题即可，如果感兴趣可以即时阅读展品的细致介绍，对游客来说非常便利。

　　以自贡市盐业历史博物馆为例，该馆是关于中国制盐技术发展历史的专业博物馆。馆中以图片的形式向中外游客介绍了各种类型的盐的特点与生产工艺，这些图片展品标题的中英文对照有"湖盐（Lake Salt）""井矿盐（Well Salt）""海盐（Sea Salt）"等，此外各类开采盐矿的井有"四川临邛火井（Lingqiong Fire Well）""卓筒井（Zhuo Tong Well/Bamboo Tube well）"和"四川陵井（Ling Well of Sichuan）"等。标题的名称翻译以直译为主，涉及中国独特发明与创造的时候，采用了音译加注的方法，并配合图片展示，外国游客能够较好地理解。例如"卓筒井"，外国游客无法理解"卓筒"为何意，所以对音译"Zhuo Tong"进行了解释，即"bamboo tube"，这样一来准确而且形象，在一定程度上消弭了信息传播中的噪音。但是，尽管如此，受众仍不能从"图片/事物+标题翻译"的组合中获取足够的信息以了解整项科学技术，所以图片配有展品介绍。具体的分析将在下文"科技博物馆展品介绍"中进行。

（三）美术馆展品标题翻译

从游客体验形式来看，美术馆展品是一种美术文本，具有独特的视觉直观性和审美价值，游客的审美感知更多地依赖于直觉体验，语言文字起到的只是一种补充、辅助认识的作用，所以展品标题的翻译一定要简洁直观，富有视觉和认知的冲击力。从游客体验的深度来看，由于美术展品是其创作者思想呈现的载体，不仅能带给游者审美体验，还能对他们的思想意识产生潜移默化的影响。例如，东晋画家顾恺之的《女史箴图》表达了他对时政的不满和对社会进步的渴求，具有积极的引导力量。所以在翻译这类展品标题的时候，采取意译的方式，或者直译加副标题的形式，能使游客感受展品之外的意义和力量。从游客体验的内容来看，美术展品标题的翻译涉及多种美术文本，小到美术作品名称、展会标题、宣传海报主题，大到创作者简介、作品评介、画册、宣传册中展品标题的翻译等，单一的音译、直译、意译等方法有时不能尽意，增译或加注的方法就显得尤为必要。综上所述，译者翻译美术馆展品标题的时候，要本着直观易懂的翻译原则来操作，采用音译、直译、意译加注释等综合方法，体现出信息传达的层次和梯度，以适应不同读者的需求，这与笔者提倡的分级翻译法内涵不谋而合。同时，美术馆展品的翻译也会对译者提出较高的要求。译者不仅要具备扎实的外语基本功，掌握艺术领域的专业术语，还要涉猎诸如绘画、工艺美术、雕塑、雕刻、美学、建筑等方面的知识，才能成为跨文化艺术美的传播者。下文将以成都当代美术馆展品标题翻译为例进行分析。

某画作展品的标题为"丁乙，十示 2009-9，丙烯成品布，150×150 cm，2009"，英译文为"Dingyi, Appearance of Cross"。参观美术馆的中外游客可能多具有艺术学习背景，或者对艺术作品兴趣浓厚。不同于历史博物馆参观时的怀古追思，也不同于科技博物馆参观时获取的科普知识，美术博物馆参观纯粹是为了审美的体验。俗话说，一千个人眼中有一千个哈姆雷特，那么一千幅画作也有一千种解读。"十示"是画家丁乙画了几十年的主题，里面蕴含着丰富和深刻的美学思想。将其英译为"Appearance of Cross"，表示"十字架印象"，原文所负载的信息和受众的接受信息较为贴合，受众能够在视觉观赏的基础上，通过文字的表达，进一步确认和欣赏到画作的主题元素为"cross"，继而从自己的审美角度解读这些元素所蕴含的美学和哲学思索。从传播学理论的视角观之，分级翻译的运用只触及到了标题的翻译，展品介绍的中文信息并不全面，英文翻译也因此缺失。对于熟悉创作者丁乙画作的游客来说，其创作风格和创作思想已存在于他们的知识储备，无需过多言语的说明，只需要领略每一幅画作带来的审美享受即可；但是传播学研究要求对受众进行预测和分析，对传播渠道进行遴选和确定，以促进画作的接受。因此，在标题的翻译中，可以进一步加入主题解释性的话语，进一步丰富展品内容的介绍，以便于分级翻译方法能更多地使国外游客受益。

　　和科技博物馆展品标题翻译面临的情况不同，美术馆展品标题如果体现的是直观的主题元素，那么这些元素可以在英文中找到对应项，用直译就可以将画面所体现的内容传译出来，如"周春芽，初夏，布面油画，200×250cm，2011"就可以直译为"Zhou Chunya, Early Summer, 200×6250px, Oil Painting on Canvas, 2011"。在成都当代美术馆的英文官方网站上，像《初夏》这样的写真画作都有中英文标题介绍，但是抽象一点的写意画作，则没有给出译名，直接用汉字表示，显示在英文官网上。如此一来，如果感兴趣的外国游客计划先期了解一下展品，那么他们可能会失去一次获取重要信息的机会。例如，"尚扬，董其昌计划，布面综合材料，218×506cm，2010"的译名为"Shang Yang，董其昌计划，布面综合材料，218×506cm，2010"。可以看出，画作的名称根本没有翻译出来。董其昌（1555—1636）是明朝后期著名的书画家，擅画山水，其画及画论对明末清初画坛影响非常大。将作品命名为《董其昌计划》，"'董其昌'无非是一个标识，能赋予作品一种潜在的文化身份。但尚扬并不希望自己的作品回归传统，相反，其重点仍在于'计划'上。然而，'计划'之所以能显现，最终凭借的还是将自然观念化的方法"。①因为画作的画面抽象，名称《董其昌计划》既蕴

------

① 引自何桂彦的网页博文《浅析尚扬的<董其昌计划>》，网址为：https://news.artron.net/20101107/n132350.html。

含了绘画艺术传统，又是创作者艺术风格的宣言，原文信息量远远大于受众的信道，必须用"冗余"信息才能准确传译出来。所以该展品标题可以尝试翻译为"Shang Yang，The Continuity of Dong Qichang's Painting Style，Mixed Media on Canvas，218×506cm，2010（Dong Qichang is a famous painter in later Ming Dynasty）"。这样在画作标题译文末尾用小一号的字体对"董其昌"进行注释，拉长了信道，使游客尽可能地靠近画作、了解画作。

二、展品介绍翻译

博物馆展品介绍翻译指的是对各类历史博物馆、科技博物馆和美术博物馆馆内展品深度介绍性文本的翻译。从展品介绍的类型来说，一般包括参观指南书中、展讯或简章中相关展品的简述，关于展品的深度解释说明或者关于某件展品或某系列展品的专题书籍等。从展品介绍覆盖的展品范围来看，一般包括博物馆陈展展品的整体介绍、主题馆展品的整体介绍、展区内分类展品的介绍、特展展品的整体介绍以及具体单件展品的介绍等。展品介绍和展品标题相比，内容更加具体、丰富和全面。由于展品介绍文本负载的文化信息量、美学价值和历史价值增加，翻译的难度也逐渐增加，在翻译过程中对增、删、改译、篇幅调整等方法的要求也更加灵活。此外，展品介绍翻译处于景区展品分级翻译的第二级层，其译文受众是想深入了解展品相关信息或进行研究性活动等的中外游客，虽然受众群体随着翻译层级的提升而变小，但是对翻译活动中所传播的信息量的要求进一步提高了，同时对翻译的质量也提出了更高的要求。

（一）历史博物馆展品介绍翻译

历史博物馆内展品的介绍性文本较多，这是一种必然和必须。仅靠出土文物的陈展和名称的给定，是无法从碎片化的状态联合成历史整体，继而还原历史进程的。文字性的介绍和阐释是对历史事实的重新解读和拼凑。

不熟悉中国文字和历史的国外游客，想要直接接触历史博物馆所记载的历史，不仅要跨越中外现代文化的差异，更要跨越中国古今文化的差异两重困难。在博物馆展品文化信息传播的系统中，译者是第一次传播的接受者，处于现代文化体系中的译者必须深入了解相关的古代文化体系，并将其解码成现代语言信息。在第二次信息传播中，译者成为信息的传播者，国外游客成为信息的接受者，译者必须将得到解码的古代文化知识体系转换成他语的文字，所以国外游客在译者的带领下，经历了时和空的两次旅行。由此可见，译者在进行展品介绍翻译的时候，在两种文化中的参与度要大大超过展品标题翻译时的两种文化的参与度。下文以金沙遗址博物馆英文网站上展品介绍翻译为例。

例1：

商周四节玉琮

长 10.6，孔径 6.8，高 16.6（单位：厘米）

透闪石软玉，质地温润，灰白色，半透明。整体呈方柱体，外方内圆，中空，柱体四面外壁中间开出竖槽，将每面一分为二，使四角形呈方形凸面。凸面开横槽分节，共有四节，每节凸面刻划九道平行直线纹，三道一组，线纹平直规整。中孔两面对钻而成，孔壁光洁，平整、光滑。制作规整，打磨光洁，圆润光滑。该器具有重大的历史、艺术和科学价值，是研究商周时期成都地区古蜀先民玉器加工工艺、青铜文明的重要实物资料。

Four-Node Cong

Height: 16.5cm; Width:11cm

This cuboid is made of grayish white jade, with yellow and black stains, which is not transparent jade. In addition, the profile is rectangular prism, drilling a hole on it with the feature of well-polishing from inner part to the outside. Four vertical grooves are carved on the surface of its four sides, by which each side is divided into two parts, presenting the convex surface on it. Further more, the horizontal grooves turn the headquarter surface into convex rectangular units. The cuboid is divided into four nodes, carved with nine parallel fine lines and 3 lines as one group. The parallel lines are straightforward and in good order, streamlined and smooth. As a fine artwork from the period of Shang and Zhou dynasties, this jade cuboid is a representative of jade cuboid in the bronze culture of the Sichuan Basin.

从金沙遗址博物馆展品"商州四节玉琮"的中英介绍对比分析来看，中文文本中画横线的内容为译文中删减未译出的语句。首先，同一展品展厅中的译名和网页介绍中的译名存在差异。展厅陈展的译名为"Four-sectioned Jade Cong"，网页上的译名为"Four-Node Cong"。这种差异的存在可以解释为：译者为了保证文化信息传播的整体性和一致性，展品标题翻译用词需要与展品介绍文本中的用词保持一致，原文本中"凸面开横槽分节，共有四节"译成了"The cuboid is divided into four nodes"，表示每个面由横槽分出了四个节点，采用了"node"一词，和展品题名相一致。其次，原文中对"玉"的惯常描绘用语，如"质地温润"等，此外还有套话"该器具有重大的历史、艺术和科学价值"，并不负载关键信息，传播出去，反而会使有关"四节玉琮"的关键信息集中度受影响，所以译者选择省译。接着，译文中使用了增译。原文中说明"玉琮"的质地为半透明，在译文中，译者根据展品的外形和色泽，增译展品半透明的原因——"with yellow and black stains"，出现了"黄黑"的杂色，使游客更加能够切实感觉到"玉琮"的特征。最后，由于该展品的深入介绍就"玉琮"的外形进行了细致描绘，没有涉及"玉琮"功能、使用和文化价值的介绍，所以译者并不需要深入历史文化内部。相反，该译文表达简练，用语规范地道，非常符合英语写作对形状描绘的表达习惯。从该译文看出，译者对译语相关文化的参与度更高，从而使源语文本的信息通过省译的方法，贴合受众的信道，从而保证更好的接受效果。译者在这个过程中对信息的操控作用非常直接和明显。但是，展厅中展品标题的译名与网页上标题的译名不一致的现象，应该要得到商讨并统一译名，以免造成受众的迷惑。

例 2：

商周有领玉璧

直径 24.25，孔径 6.46，高 1.94，壁厚 0.52（单位：厘米）

透闪石软玉。④向上的阳面呈紫蓝色，其上布满大量黑色、白色沁斑；向下的阴面则呈浅白色，其上分布褐色条状沁斑及大量黑色点状沁斑。③由于受埋藏环境及土壤影响，出土时器表出现阴阳两面不同的色泽效果。整体呈圆环状，①大型，中间圆孔较小，方唇，直口，直壁，壁上残留对钻痕迹。环面较宽，器面光洁，边缘规整。透闪石软玉。制作极其规整，②通体打磨抛光，工艺精细，光洁莹润。具有重大的历史、艺术和科学价值，是研究商周时期成都地区古蜀先民玉器加工工艺、青铜文明的重要实物资料。

Collared Bi Disks

Width: 24.8cm

This collared jade disk is quite large and well polished. Due to the effects of light and soil, the two sides of the disk showed different colors and hues when unearthed. The obverse side is indigo, with a large number of permeated black and white stains. The reverse side is light white, with brown stripes and lots of black dots left by permeation.

从金山遗址博物馆展品"商州有领玉璧"的中英介绍的对比分析来看，译者不仅对原文本进行了大量的删减，而且对原文进行了较大幅度的重组。展品介绍中文里划线的部分是在译文中得到了翻译的部分，但是其标号则体现了信息在译文中得以重组的序列号。关于展品的非关键性的描绘信息，译者都进行了删除。译者之所以进行信息重组，是为了在较短的参观时间内，使游客了解有关展品的核心信息，增进知识，提升认识，译者先介绍形状色泽，再说明色泽形成的原因，最后描绘色泽差异所在。译者为了实现更好的传播和接受效果，对展品介绍的原文本进行了操控。

例 3：

商周大金面具

长 20.5，宽 10.4，高 10.7，厚 0.08（单位：厘米）

金质，整体呈立体脸谱，系在模具上捶撰成形，眼睛、鼻子、嘴巴、耳朵则采用剪切而成。表现范围上限于额部，下方及下颌。①面相近方，平额，眉毛略微凸起，中央宽而两端收束，好似新月。②眼眶较大，双眼镂空约呈菱形，上眼帘呈弧形，下眼帘深凹。③鼻梁高直，鼻翼与颧骨线相连。嘴巴镂空呈微张之态，略呈笑意。④耳朵外展，上宽下窄，上半部分凹入，⑤耳垂穿孔。嘴巴微张，呈狭长方形，下颌平直。整个脸部丰满，⑥表情威严，具有一定写实风格。表面打磨光亮，里面未经打磨，较为粗糙。具有重大的历史、艺术和科学价值，是研究商周时期成都地区古蜀文明、金器加工工艺、青铜文明以及四川盆地与外地文化交流的重要实物资料。

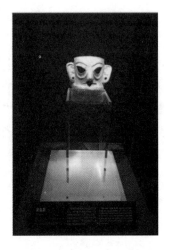

Gold Mask

Height: 11cm; Width: 19.5 cm; Depth: 0.04 cm

It has rectangular face with flat forehead, convex eyebrows, big precluding eyes, high bridge of nose, and rectangular ear carving ear hole. It seems to be a dignified appearance. So far, this is the biggest and most well-preserved gold mask at the same period of China.

从金沙遗址博物馆展品"商周大金面具"中英介绍的对比分析来看，译者不仅对原文本进行了大刀阔斧的删减，而且对原文进行了适当的增译，但是对该展品介绍并没有进行文本内容的重组。原文对金面具的形状进行了非常细致的刻画和描写，比上文例示的"四节玉琮"和"有领玉璧"要更为详细。金面具目前在中国先秦时期仅见于古蜀文化中，是古蜀青铜文明特有的文化现象，是金沙遗址博物馆中最为重要的文物展品之一，所以着墨颇多。但是中外游客对金面具的外形认识可以通过视觉观察获取直观的印象，过多的文字描述反而会干扰游客对展品的审美，所以译文只抓住典型的特点进行了大致的描绘，"脸、额、眼、鼻、耳"等五官造型和其他的制作工艺描绘等一律被删除了。但是最后，译者增译了一句"So far, this is the biggest and most well-preserved gold mask at the same period of China"，体现该展品的历史地位和价值，加深游客对展品的印象。译者的操控体现在他对关键信息的筛选、剔除和补充之上，以求最好的传播效果。

（二）科技博物馆展品介绍翻译

在探讨科技馆展品介绍翻译之前，应该理清楚什么是文体。我们可以把文体理解为"一篇或一类文章所表现出的遣词造句的规则和谋篇布局的格式"（冯英，2006：132）。历史博物馆、科技博物馆和美术博物馆展品介绍基本上都属于信息型文本（Informative Text），但又各具特征。历史博物馆展品介绍注重文物历史信息的准确传达；美术博物馆展品介绍在传达信息的同时还具有呼唤功能（Vocative Function），以唤起游客审美的共鸣；科技博物馆展品介绍除了具有传达信息的特征，还具有科技文本程式化和格式化的特征，要求语言规范、陈述客观、逻辑性强、高度专业化。"科技文体大致可以分成两大系列：一类是科技论文；二是科技应用文。""后者包括……科普应用文（如知识性科普作品、技术性科普读物等）。"（ibid）科技馆展品介绍就属于"科技应用文"中的"科普应用文"。进行科技博物馆展品介绍的翻译，首先需辩明其文本类型，才能在译语文化背景下实现科技应用文体在原文化背景下的交际目的。其次，除了文体方面的考虑，科技博物馆展品介绍还应该在词汇和句法层面下功夫。由于科技文本涉及大量专业术语的使用，要求译者具有较广的专业知识和词汇。在句法方面，为体现客观性，科技英语广泛使用一般现在时态、被动语态、名词化结构以及各种复合句。

科技博物馆也主要分成两大类型，一种是现代科技博物馆，一种是历史科技博物馆。以上分析的科技翻译的特点在现代科技博物馆展品介绍中体现得明显一点。自贡盐业历史博物馆就是后一种历史科技博物馆，此类型的还有中国农业历史博物馆、江南造船博物馆、高黎贡手工造纸博物馆等。科技博物馆的目的是科学知识的普及，目标受众并不是专业的科研人士，所以整体上而言，科技文本的特征体现得并不是那么突出，相关介绍也并不那么高深莫测。然而翻译的时候，科技文本的文体特征始终是应该予以重视的地方。以下就是从自贡盐业历史博物馆展品介绍中选取的例子。

　　例1：

世界上第一口超千米的深井燊海井

　　1835年，自贡大安地区的燊海井凿达1001.42米，这是世界上第一口超千米的深井。燊海井的开凿成功，标志着中国古代顿钻凿井技术已臻完善，是人类钻井史上的一块丰碑。"

SENHAI WELL—THE FIRST WELL OVER 1,000M DEEP IN THE WORLD

In 1835 Shenhai Well in Da'an District Zigong reached the depth of 1,001.42 m. It is the first well over 1,000m deep in the world. The success of Shenhai Well indicated the maturity of Chinese ancient percussion drilling technology. It was a milestone in the well drilling history.

自贡世界地质公园盐业园区——燊海井

　　盐业园区：是展示自贡地区丰富的盐矿、天然气资源，精湛的中国古代井盐顿钻凿井、采卤工艺和灿烂的井盐文化的园区，主要包括自贡市盐业历史博物馆以及燊海井、王爷庙、吉成井和东源井等盐业遗存总面积1.92平方千米。

燊海井是世界上第一口人工钻凿超千米的深井。凿成于<u>清道光十五年（公元 1835 年）</u>，深 1001.42 米。是中国古代钻井工艺成熟的标志，综合地体现了中国古代钻井技术发展的水平，是世界科技史上的重要里程碑，其凿井技术被誉为中国古代"第五大发明"和"世界石油钻井之父"。1988 年被公布为全国重点文物保护单位。它也是至今还按原貌原址和传统工艺取卤制盐的世界罕见的活遗址。

ZIGONG GLOBAL GEOPARK

Well Salt Industry Scenic area displays the rich resources of salt and natural gas, the exquisite percussion drilling technology for salt well of ancient Chinese, the process of brine extraction and glorious culture of well salt industry. It covers an area o 1.92km^2 including Zigong Salt Industry History Museum and ancient salt well relics such as Shenhai Well, Wangye Temple, Jicheng Well and Dongyuan Well.

Shenhai Well, located at Changyantang, Da'an District, is the world's first well of more than 1,000 meters deep. It reached 1,001.42 meters in 1835 A D（the 15th year of Daoguang Emperor's reign in the Qing Dynasty）. It indicates the maturity of Chinese ancient drilling technology and is a landmark in the world history of science and technology. This drilling technology is famous as "the fifth invention in China" and "the father of oil drilling". In 1988, Shenhai Well was announced as the national key cultural relic protection unit. It t is also a rare original site where traditional brine lifting and salt boiling process are still used.

以上是展厅中"燊海井"图片展品和燊海井实物展品的中英对照介绍。

两处展品的介绍文本对燊海井的开凿年代、历史价值和意义都进行了说明。展厅由于空间的局限，解释说明性的文字较为短小；但是实物展品介绍中，由于受空间的限制减少，所以说明的内容更加丰富。由于原文本是对科学技术的介绍和说明，将文本纳入科技文翻译的范畴中考虑的话，首先体现在专业技术词汇的频繁出现；其次原文本内容不能随意删除；最后翻译的方法以直译为主。例如，专业词汇"顿钻凿井"译为"percussion drilling technology"，生动形象。译者在翻译的过程中对原文本和译本的操控行为较少，没有对原文进行筛选和过滤。译者作为受众，理解和接受原文本信息的过程中，认识到原文信息量的集中度和价值，有必要将原文所负载的科技信息完整地传播给译文读者，所以当译者作为传播者，将已经解码的原文本信息翻译成英语时，译者未进行增删。但是译文中也存在少量的瑕疵，例如，"世界石油钻井之父"译为"the father of oil drilling"，oil drilling是个动名词，但是"××之父"中"××"应该是个纯粹的名词结构。因此，可以考虑译为"the father of oil drilling technology"。

例 2:

输卤技术的发展

中国井盐输卤技术，伴随采卤技术的演进而发展。从早期的<u>渠道输卤和管道输卤</u>，发展到宋代肇始，明清时逐步完善的竹笕输卤工艺。这一工艺充分应用<u>液体力学和自然连通器</u>原理，将井与灶之间卤水的输送、分流、配送、提高扬程的功能完整地发挥出来。现代管道输卤使用新材料、新设备和新工艺，形成了一套较为完备和科学的输卤体系。

THE DEVELOPMENT OF BRINE TRANSPORT

Chinese brine transport technique has developed with the evolvement of brine extraction technique. It originated from the ditch and pipeline transport in the early days and developed into the bamboo pipeline transport in the Song Dynasty, <u>which was perfected</u> in the Ming and Qing Dynasties. The principles of hydrodynamics and connecting vessels <u>were fully applied to</u> brine transport, diversion, distribution and increase of pump lift between the well and salt making stoves. With the application of new materials, facilities and advanced technologies, a scientific system of modern pipeline brine transport has been formed.

以上例文是对输卤技术发展图片展示的中英文介绍。由于介绍中涉及具体科学工艺流程的解释和说明，科技文本的特征得到了突出，专有名词较多，如"渠道输卤""管道输卤""液体力学""自然连通器"等，对负载一定中国特色文化的科技术语的翻译难度较大。此外，介绍科技工艺流程必须按照科技文本的翻译原则进行，即被动语态和从句的频繁使用等，这样才能使语言表达符合英语科技文的行文习惯。例如，"这一工艺充分应用<u>液体力学和自然连通器原理</u>"译为"The principles of hydrodynamics and connecting vessels were fully applied to"，采用了被动语态；"发展到宋代肇始，明清时逐步完善的竹笕输卤工艺"译为"bamboo pipeline transport in the Song Dynasty, which was perfected in the Ming and Qing Dynasties"，采用了非限定性定语从句。

例 3：

制盐技术的发展

盐为百味之祖，食肴之将。历代均被称作"国之大宝"。随着钻井、采卤及天然气开采技术的发展，中国井盐的制盐工艺亦相应发展起来，取得了诸多突破的成就。天然气制盐技术史走在当时世界的前列。中华人民共和国成立后，制盐技术迅速发展，逐步形成了以真空制盐为主的现代制盐技术体

系。

THE DEVELOPMENT OF SALT MAKING TECHNOLOGY

Salt is the forefather of all flavors and the main taste of dishes. It was called the "the treasure of the state". Along with the evolution of well drilling, brine extraction and natural gas extraction, Chinese salt making technology has been coordinately developed and many breakthroughs had been achieved. The technology of salt making with natural gas was advanced in the world. Since the founding of the People's Republic of China, the salt making technology has been quickly developed and the technical system of modern vacuum salt making has been gradually formed.

以上例文是对制盐技术发展的图片展示的介绍。这一段图片展品的介绍并未涉及技术原理和操作流程的介绍，属于一般的科普简介，语言平实易懂。该介绍翻译成英文，国外游客能够通过译文了解到中国制盐技术在古时就已领先于世界水平。原文的科普信息在传播系统中，顺利地通过第一次传播受到了译者的较好接受，译者将信息进行语码转换译成英文的时候，并不需要过多的语言手段，用直译的手法，就能使信息较为成功地为国外游客接受。但是文本中含有格言"盐为百味之祖，食肴之将"，其语言风格和信息内容不一致，所以在翻译的时候，译者会涉及对原文一定程度的信息解读和加工。译者将其直译为"Salt is the forefather of all flavors and the main taste of dishes"，译文中的"forefather"是"祖先、先辈、先行者"的意思，该句英文回译成中文表达为"盐是一切味道的先行者/先祖，咸味是各种菜肴的主要味道"。比较之下，译文用词并不妥切，可以考虑将其翻译为"salt is the most essential seasoning of all flavors and the taste of dishes depends on it"。用意译的手法将蕴含在原文中对盐的作用的强调直接用文字表达出来，这样一来就不会产生误解，"主要只有咸味的菜"如何称得上美味？所以，在此段展品介绍的翻译中，译者对原文信息的理解和加工还存在不足之处。

（三）美术博物馆展品介绍翻译

张心龙在其专著《如何参观美术馆》一书中，具体而微地向中国出境游客提供了参观国外美术馆的攻略。他称在国外，"一般人通常都没有参观美术馆的习惯，只有在外国旅游的时候才去参观该地著名的美术馆"。同理而思之，中国的美术博物馆肯定也经常有国外游客参观。但是他继续建议，在"出发之前，做点研究工作，是一件必须而又值得的事情"（张心龙，2011：4）。"事前对前往参观的美术馆先有一个大概的印象，可以帮助你享受这个美术馆所带来的乐趣"（张心龙，2011：9）。可以"不妨先到馆里的礼品店去买一本美术馆指南书，花五分钟时间阅读一下，把你要看的艺术品标出来，找出它们陈列的地点，再了解一下地形，便可以按着程序去一一欣赏了"（张心龙，2011：5）。因为美术馆里面的展品往往因为创作年代、创作风格、艺术流派等不同，呈现出不同的主题安排和陈展模式，游客不可能在较短的时间内理解所有的艺术品，所以才要形成自己的审美情趣和观赏重点。这样的话，游客"先阅读展览的简章，对藏品或特别的展览有概括性的了解后，便可开始正式的欣赏"，"这时便不妨阅读一下旁边的解释说明，更增加你对该件作品的了解"（张心龙，2011：12）。张心龙的美术馆参观经验、心得与建议，虽然没有涉及境外旅游时语言和语言翻译问题，但是却不难看出，语言和语言翻译问题在整个观赏的过程中，发挥着重要的"讯息（say what）"提供者的作用，如礼品店的"美术馆指南书""展览的简章"和"解释说明"都属于美术馆展品介绍的讯息，如果出境的游客不懂目的国家的语言，那么他就必须借助翻译了。以四川省内的美术馆为例，对国内游客而言，美术馆的展品中文介绍属于原文本信息的第一次传播；对国外游客而言，美术馆展品英文介绍则是原文本信息的第二次传播。不懂中文的外国游客，必然需要经不同翻译媒介获得原文信息，才能较为全面地了解自己感兴趣的艺术作品。

美术馆展品介绍在文体风格上，略不同于博物馆和科技馆的展品介绍。后两者属于纪实性的信息传递，目的是使游客"知其然"，以让游客掌握更多的历史和文化知识为旨归；而前者不仅介绍有关展品和创作者的基本信息，还要向游客适当阐发其中的美学思想、美术价值和美学活动等，更让游客"知其所以然"。相比较于美术馆展品标题翻译的简洁直观、富有视觉和认知的冲击力，文本篇幅稍长的展品介绍翻译往往会综合采用各种翻译策略和技巧，例如音译、意译或者注释等，以拉长信道。以成都当代美术馆为例，其官网上提供了大量常设展品和临时展览的信息及其英文翻译，如以下例文。

例1：美术馆指南书：

典藏介绍[①]

　　成都当代美术馆是以收藏、研究、展示中国当代艺术作品为重点的非营利性美术馆。自2011年成立以来，成都当代美术馆已经收藏了一批重要的当代艺术作品，藏品主要包括馆藏作品和捐赠作品，以当代艺术绘画为主，还包括多媒体、雕塑、影像等其他不同形式的作品。成都当代美术馆目前藏有其作品的艺术家包括方力钧、岳敏君、周春芽、何多苓、张晓刚、王广义、曾梵志、刘小东、刘炜、喻红、展望、隋建国、向京等，其中展望的《天堂的礼物》是专门为成都当代美术馆开馆展所作。

　　成都当代美术馆面向社会接受艺术家和收藏家的作品捐赠，同时也有计划地进行收藏。围绕馆藏作品，成都当代美术馆将推出长期的馆藏陈列展，供艺术专业人士和艺术爱好者研究欣赏。

Collections[②]

Museum of Contemporary Art Chengdu is a non-profitable museum focusing on collection, research and exhibition. Since the establishment of MOCA Chengdu in 2011, it has collected a number of famous and representative contemporary artworks. The collection is categorized in two types, collected artworks and donated ones, which are mainly contemporary art

---

① 原文引自成都当代美术馆官网：http://ex2k7.tfsp.cn/zh/collection/collections.
② 译文引自成都当代美术馆官网：http://ex2k7.tfsp.cn/en/collection/collections.

easel paintings, including many other forms such as multimedia, sculpture and video, from artists comprising Fang Lijun, Yue Minjun, Zhou Chunya, He Dongling, Zhang Xiaogang, Wang Guangyi, Zeng Fanzhi, Liu Xiaodong, Liu Wei, Yu Hong, Zhan Wang, Sui Jianguo, Xiang Jing etc. Zhan Wang's Gift from Paradise is especially created for the opening of MOCA Chengdu.

MOCA Chengdu warmly receives all artists' works and collectors' donations while it does collection itself. There will be long-term collection exhibitions for all artistic professionals and lovers to appreciate and research.

以上成都现代艺术博物馆的指南信息，较为简洁，大致介绍了博物馆的成立、性质、规格等等。译者在翻译中的操控力量很微小，翻译方法以贴着原文句子的直译为主。在原文信息的传播过程中，信息较为流畅地从原文传向了受众。

例 2：展览简章

过去的事现在还在——靳烈①

① 2017 年 3 月 28 日"过去的事现在还在——靳烈"将在成都当代美术馆开幕。本次展览由成都当代美术馆和四川大学美术馆联合主办，国际策展人特蕾莎·德·阿鲁达（Tereza de Arruda）担任此次展览策展人。② 本次展览将展出艺术家靳烈近期创作的，尺寸不同的作品，大部份是以成都当代美术馆的空间结构特色特别设计创作的。所有展出的作品，包括三维立体题材的作品，都以简单易明的极简布展方式布置展出。③ 展览将从 2017 年 3 月 28 日持续到 5 月 14 日结束，观众可在此期间免费参观。

④ 靳烈 1969 年出生于山西，成长在北京。1990 年移民德国，就学于杜塞尔多夫国家艺术学院自由绘画专业，自 2002 年生活工作在柏林。他的作品曾参加不同国家的联合及个人展览，在国际收藏家与机构中都会发现他的作品。靳烈的艺术作品多年来专注于绘画中抽象与具象之间的巧妙关系，特别是二维与三维立体之间的视觉感应。

---

① 原文引自成都当代美术馆官网：http://ex2k7.tfsp.cn/zh/exhibition/column/3457.

⑤ 这个展览项目作为一个整体,通过使用参考历史题材邀请我们反思过去与当今共同存在的意义。对艺术家来说,现实的存在是一个历史与当今相互关联的存在。通过他的作品表达出真实与虚构的边缘,现实与过去的双重性。

⑥ 这次展览的标题,"Was vergangenist, ist immer noch da"(What is past, is stillpresent)——"过去的事现在还在",来自德国新闻周刊"Der Spiegel"《明镜周刊》2001年特刊的"DieGegenwart der Vergangenheit"(当代中的过去),特刊作者讨论的主题是"过去(历史)在当今时代的继续存在与其体现"。

⑦ 以此为含意,靳烈在选择了油画的同时也将展出装置作品。这些交融在一起可以暗示观众,靳烈是怎样感应现实与现实的历史,他对历史的感应清晰体现在他对现实的感应中。除了利用艺术历史题材,几个作品还表现出他对媒体关于殖民历史报道的关注,欧洲(西方)与非洲,中国与非洲的内在联系。艺术家将通过在德国生活27年的经历以及在国际艺术平台上获得的艺术经验与当地观众、艺术界学院、机构进行交流。

Jin Lie　What is past, is still present[①]

④ Jin Lie was born in Shanxi, grew up in Beijing in 1969 and has lived in Germany since 1990. He studied painting at the Kunstakademie Düsseldorf and has lived in Berlin since 2002. He has taken part in many renowned exhibitions and his works can be found in international collections. Jin Lie's works have for many years focused on the tension between painted and drawn abstraction and figuration, as well as between visual representation and physical two and three dimensionality.

② For the Chengdu MOCA Jin Lie is planning a presentation of recent works, most of them produced for the exhibition, of different sizes, specifically designed for the museum space. All works on display, including

---

① 译文引自成都当代美术馆官网:http://ex2k7.tfsp.cn/en/exhibition/column/3457.

those which play with physical three dimensionality, are to be presented on the museum walls with a clear, reduced-minimal hanging. ⑤ <u>The exhibition project as a whole, which through use of historically loaded motives and references invites us to reflect on the presence of the past, is to be perceived as a painting exhibition and will be developed and implemented as a site-specific installation for Chengdu MOCA.</u> For the artist, reality exists through using examples of historical developments which are interconnected. As a result, a narrative emerges wherein it is not clear if it is real or fiction. This duality, of reality and fiction, is expressed in the works.

⑥ The title of the exhibition is "Was vergangen ist, ist immer noch da" (What is past, is still present)—"过去的事现在还在". The phrase references a special edition of the German weekly news magazine "Der Spiegel" from 2001 entitled "Die Gegenwart derVergangenheit" (The presence of the past) in which writers debated the topic of the presence of the past and its relevance today.

⑦In the spirit of this, and alongside a selection of paintings on canvas, Jin Lie will presents installations and objects. Together these provide the viewer with a clear indication of reality as Jin Lie observes it and its history, which often becomes apparent in the perception of the present. Concretely, it focuses on a memory of the media representation of alleged past colonial connections, be they between Europe and Africa or China and Africa. The intention of the exhibition is to give a platform to Jin Lie's works in China. The experience which the artist has gained over the last 25 years through living in Germany and working within the international art scene will be discussed in an exchange with local audience, curators and artists in partnership with the Sichuan Art Academy.

①+③

Tereza deArruda, Curator

Berlin June 2016

Museum of Contemporary Art Chengdu

Jin Lie What is past, is still present

Curator: Tereza de Arruda

28th March–14th May, 2017

Opening: 3:30 pm, 28th March2017

Opening Hours: 10:00–17:30, Tuesday to Sunday

Add: C1, Tianfu Software Park, Tianfu Avenue, Chengdu, P.R.China

Tel:0086-28-85980055

Fax:0086-28-85331327

www.chengdumoca.org

www.weibo.com/chengdumoca

Partners: Museum of Contemporary Art Chengdu, Sichuan University Art Museum

从以上展览简章或者展讯的中英对照文本来看，译者在译文中对中文原文段落进行了重构，对原文的信息进行了重新的排列组合，体现了译者对翻译过程的操控。操控的目的是使译文的行文符合英语读者的写作和阅读习惯。英文读者习惯在简讯正文中首先了解创作者的相关信息，然后是创作主题和艺术特色，而展出的时间、地点、主办方等相关信息，附在原文末尾供读者参考，如此一来，能让读者确定展览是否为自己的兴趣所在。而中文展讯行文一般首先介绍展出时间、地点、规格档次、规模等信息，从而凸显展览的展出价值和影响力，以此作为重磅信息吸引游客，其次才陆续介绍创作者、展览主题、风格等信息。译者做出了调整，从而使原文的信息能尽最大限度接近外国游客的信道。

此外，译者还采用了多种翻译策略和技巧，使信息在二次传播中，能够较好地传递给目标受众。例如，"他的作品曾参加不同国家的联合及个人展览，在国际收藏家与机构中都会发现他的作品。"这一句话，译者采用了省译的方法，译为"He has taken part in many renowned exhibitions and his works can be found in international collections."。原句中"不同国家的联合及个人展"归根结底都是"展览","国家收藏家与机构"的目的都是"收藏艺术品",所以译者将这些彰显创作者国内外影响力等非主要信息负载项都进行了删除。其次,译者还使用了增译法。例如,"这个展览项目作为一个整体,通过使用参考历史题材邀请我们反思过去与当今共同存在的意义。"英译文为:"The exhibition project as a whole, which through use of historically loaded motives and references invites us to reflect on the presence of the past, is to be perceived as a painting exhibition and will be developed and implemented as a site-specific installation for Chengdu MOCA. "但是后半句是译者增加的内容,意为"(该展览)是一个画展,同时将作为成都现代艺术博物馆特定的装置艺术展进行开发和展出"。展讯原文的最后一段提到了另外一种展览艺术装置艺术"installation",译者提前在该句中增译了这一信息,使读者加深对这种艺术形式的印象,也强调和体现了此次展览对成都现代艺术博物馆的重要价值和意义。最后,译者运用了英文散文写作的笔调来表现创作者的艺术特色和风格,原文"通过他的作品表达出真实与虚构的边缘,现实与过去的双重性"充满哲理寓意,翻译难度较大,直译是无法表达原文中的意寓。英文"As a result, a narrative emerges wherein it is not clear if it is real or fiction. This duality, of reality and fiction, is expressed in the works"采用的是意译,以"it is not clear if it is real or fiction"表示"真实与虚构的边缘"形象而贴切。

　　展品中文介绍的目标观众是懂中文的国内外游客,他们身处汉语语言和文化环境,理解起来一般不存在重大问题;展品介绍英译本的目标观众是不懂中文的外国游客,他们不熟悉中国的语言文字和文化。译者在进行翻译时,要针对国外游客的可能需求,确定需要增加"冗余"信息的文字、句子或语篇,把国外游客不感兴趣的、对了解中国美术知识没有用处的内容删除(如创作者生平、头衔、地位等),凸显他们感兴趣的内容(如创作风格、创作灵感、创作成就和国际影响力等),这样才能让原文信息与译文读者的信道相适应,才能比较理想地实现文化和艺术在灵魂上的沟通。但是翻译不能违背原文和原作者的主旨,主要思想不能改变。

但是，是否展品介绍内容及其英译本内容越详实越佳呢？张心龙指出了展品介绍文字信息过多而产生的一定正负面影响，他称"现在很多美术馆都喜欢在作品旁写上详细的说明与分析，以便帮助观众欣赏。这种做法有好处也有坏处。好处是它的确能使你对该件的来龙去脉有详尽的了解，但坏处则是使人花太多时间去阅读文字的说明，反而忽略了对作品的欣赏，变得有点本末倒置……这种做法对一个喜欢研究或了解艺术史的人会有帮助，但是一般观众只想欣赏作品的美与动人之处，过多的文字说明反而令人望而却步"（张心龙，2011：11）。这颇与翻译中才用加注、注释等深度翻译策略导致不流畅的阅读体验相似。但是中外游客拥有灵活自主的选择空间和权利，游客个体也可以在不同的时空选择不同的参观形式：视觉观光、浅尝辄止地了解、深度了解与研究。但是具体的文本信息可以备游客不时之需，不能因为视觉审美的需求而牺牲文化层面知识的传播。

第四节　小　结

　　景区展品的翻译研究是旅游翻译研究中的一个冷门课题，造成这种现状的原因是多方面的。第一，旅游相关部门和旅游科研学者对景区展品的定义、分类、研究和管理工作相对薄弱和滞后。展品被认为是陈展给游客"看"的，不是拿来"读"的，视觉体验最为重要，文本解释及其翻译是次要的。第二，相较于国内驰名世界的风景名胜，如万里长城等，参观各类博物馆的外国游客要少得多，而前往参观的外国游客，有的要么懂中文，要么具备一定的知识储备，要么兴趣浓厚等，对翻译的绝对依赖性并不是特别强。所以参观的国外游客群体小，对翻译的需求不大是导致景区展品翻译凋零的直接原因。第三，旅游翻译专业人才的培养力度有限，人才产出也因而有限，导致景区展品翻译质量不高。第四，景区展品翻译的多模态呈现利用不够。由于科技的进步，各种手机 App 被开发出来，不仅可以从手机上直接进行 360 度三维全景观看，还能收听语音导读。此外，博物馆内或手机上的各种播放器，播放相关的图片介绍或者纪录片等，外国游客可以通过各种途径在参观之前提前了解相关信息，在参观过程中借助各种媒介进行信息补充，或者在参观结束后进行知识的巩固。但是翻译及语音、视频、图片、纪录片等制作的过程需要大量专业的人力、物力，基于前三项工作的不足，从而导致很多博物馆对翻译的多模态呈现开发和利用相当不够。第五，博物馆英文网站或多语网站建设不够，国外游客想通过互联网查询信息，寻找旅游目的地，或者先期了解目标旅游目的地就变成一项困难和苦恼的工作。大多数博物馆只有中文网页的介绍，但是三星堆博物馆是特列，它建设有简体中文、繁体中文、英文和日文四种语言或文字的网页介绍。金沙遗址博物馆建设有英文版、中文学术版和中文青少年版的网页。从以上多方面来看，景区展品翻译工作的开展并不全面和系统。因此想要获取足够的研究素材，并从中总结展品翻译的有益经验，指出尚有不足的地方，比较困难。

本章从翻译的传播学研究视角出发，选取了四川省内具有代表性的几个博物馆（成都博物馆、金沙遗址博物馆、四川科技馆、自贡盐业历史博物馆、成都现代美术馆），按照历史博物馆、科技博物馆、美术博物馆的分类，对其馆内展品翻译的现状进行了分析。不同博物馆的翻译策略和翻译质量与其目标游客定位和价值取向密切相关。例如成都博物馆展品翻译工作相对完善全面，因为其面临的游客群体多为有一定知识背景的中外游客；而四川科技馆的游客以亲子科普旅行为主，对英文的要求并不高，所以翻译在其工作中的重要性和地位受到了局限。三星堆博物馆拥有四种文字的网站介绍以及较为完备的展品介绍，这与其在全国博物馆中的地位和价值有关。因此，传播学视阈下的景区展品翻译直接体现了"to who"的导向。按照信息传播研究的 7W 模式："传播者—传播目的—讯息—传播媒介—环境—受众—效果"信息链，对展品译文分析的重点落在了翻译传播者、讯息和翻译媒介上。尤其是针对讯息形式和翻译媒介的多样性，笔者按照对游客群体特征和信息摄取层次的分析，提出了展品分级翻译的方法：第一层，标题的翻译；第二层，具体信息的介绍；第三层，价值与意义的传达。如此一来可以更好地实现信息多层次、循序渐进的传播和接受。当然，本章研究的不足之处在于缺乏对受众的深度剖析，传播效果也缺乏实证性的研究。这将是后续研究工作的重心。

　　基于对景区展品翻译中不足和问题的分析，从翻译传播学研究的视角出发，笔者认为景区展品翻译工作的目标和重心应该要适当地进行转移，做好三个立足：第一，立足于国外游客的文化传播。四川省是一个旅游大省，根据峨眉山景区管理委员会对入境旅游数据的分析，2008 年汶川地震发生之后，四川省的外国游客访问量呈断崖式的下跌，这和四川省灾后重建后旅游外宣的力度和频度不够密切相关。应该着力重新向世界展现，灾后重建的美丽四川消除游客对安全因素的顾虑，从而吸引更多的参观者。第二，立足于国内游客英语语言文化知识的普及。英语是全世界通用语言，也是使用面积最广的语言之一。景区展品的翻译不能仅仅只为国外游客服务，同时也要定位于中国游客自身外语素质的提高。这样可以提升国人的文化素养，同时也能提升国人的文化自信和文化自觉。如此一来，每一个中国人都可以成为一个移动的自媒体，当国人出国或者与外国人士接触的时候，自身也能成为移动的博物馆，随时成为文化信息的源泉，让国外人士有更多的渠道了解中国文化。第三，立足于展品更多非英语国家的小语种的翻译。在"一带一路"倡议的推动下，"一带一路"沿线国家之间的"五通"建设也在不断推进，人才和技术的沟通频繁进行，游客数量也在不断增加。在条件允许的情况开展景区展品小语种的翻译，在未来应该是一种趋势和必然。因此，在这样的目标驱动下，四川景区展品的翻译应该有更高的立意和追求。

　　在旅游外宣活动中，语言是信息的载体，也是传播信息的重要工具，准确的信息传达及良好的信息传播效果很大程度依赖于语言的转换翻译。博物馆展品不仅是一种文化符号，也是一种非文字类型的语言符号，它们自身就是书写和诉说历史的语言。如何将这些负载文化的符号以翻译的多模态形式传播出去，为中国文化插上一双遨游世界的翅膀，是一件值得深思的学术工作。因而，景区展品翻译这一研究主题有着重要的文化价值和现实意义。

参考文献

[1] APPIAH K A. Thick Translation [A]. LAWRENCE VENUTI. The Translation Studies Reader (2nd Edition) [C]. New York and London: Routledge, 2004.

[2] BASSNETT S A, LEFEVERE. Translation, History and Culture[C]. London: Printer Publishers Limited, 1990.

[3] BASSNETT S. The Translation Turn in Cultural Studies[A]. BASSNETT S A, LEFEVERE. Constructing Cultures: Essays on Literary Translation[C]. Shanghai: Shanghai Foreign Language Education Press, 2001.

[4] BAUMAN R. Verbal Art as Performance [M]. London: Cambridge University Press, 1977.

[5] BAUMAN R. Story, Performance, and Event [M]. London: Cambridge University Press, 1986.

[6] BHABHA H. K. The Location of Culture[M]. London: Routledge, 1994.

[7] BRANCHADELL A. Introduction[A]. BRANCHADELL A., L. M. West. Less Translated Languages[C]. Amsterdam & Philadelphia: John Benjamins Publishing, 2005.

[8] CHESTERMAN A. Problems with Strategies[A]. KAROLY K., A. FORIS. New Trends in Translation Studies: In Honour of Kinga Klaudy[C]. Budapest: Akademiai Kiado, 2005.

[9] CHESTERMAN A. Memes of Translation: The Spread of Ideas in Translation Theory [M]. Amsterdam: John Benjamins, 1997.

[10] FINE E. C. Folklore Text: From Performance to Print [M]. Bloomington: Indiana University Press, 1984.

[11] GILE DANIEL. Conference and Simultaneous Interpreting[A]. BAKER MONA, Routledge Encyclopedia of Translation Studies[M].

London: Routledge, 2001.

[12] HERMANS T. Literary Translation [A]. KUHIWCZAK P., K. LITTAU. A Companion To Translation Studies [C]. Clevedon and Buffalo and Toronto: Multilingual Matters Ltd., 2007.

[13] HERVEY S., I. HIGGINS. Thinking Translation: A Course in Translation Method: French to English[M]. New York: Routledge, 1992.

[14] KAPLAN R. Cultural Thought Patterns in Intercultural Education[J]. Language Learning, 1966(1): 1-20.

[15] KATAN D. Translating Cultures: An Introduction for Translators, Interpreters and Mediators[M]. Shanghai: Shanghai Foreign Language Education Press, 2004.

[16] KE Ping. Cultural Presuppositions and Misreadings[J]. Meta, 1999(1): 133-143.

[17] LIENHARDT G. Modes of Thought[A]. EVANS-PRITCHARD E. The Institutions of Primitive Society [C]. Oxford: Basil Blackwell, 1954.

[18] MOLINA L., A. H. ALBIR. Translation Technique Revisited: A Dynamic and Functionalist Approach[J]. Meta, 2002(4): 498-512.

[19] MUNDAY J. Introducing Translation Studies: Theories and Applications[M]. Shanghai: Shanghai Foreign Language Education Press, 2010.

[20] NEWMARK P. A Textbook of Translation[M]. New York: Prentice Hall, 1988.

[21] NIDA E A., C. R. TABER. The Theory and Practice of Translation[M]. Shanghai: Shanghai Foreign Language Education Press, 2004.

[22] BARTSCH R. Norms of Language[M]. London: Longman, 1987.

[23] ROBINSON D. Western Translation Theory from Herodotus to Nietzsche[M]. Beijing: Foreign Language Teaching and Research Press, 2006.

[24] SHUTTLEWORTH M., M. COWIE. Dictionary of Translation Studies[Z].Shanghai: Shanghai Foreign Language Education Press, 2004.

[25] STURGE K. Cultural Translation[A]. BAKER M., G. SALDANHA. Routledge Encyclopedia of Translation Studies[C]. Shanghai: Shanghai Foreign Language Education Press, 2010.

[26] SUN YIFENG. Translating Foreign Otherness: Cross-cultural Anxiety in Modern China[M]. New York: Routledge, 2018.

[27] TOURY G. Descriptive Translation Studies and Beyond[M]. Shanghai: Foreign Language Education Press, 1995/2001.

[28] TYLOR E. Primitive Culture[M]. London: John Murray, 1871.

[29] VENUTI L. The Translator's Invisibility[M]. London & New York: Routledge, 1995.

[30] 本德尔. 略论中国少数民族口头文学的翻译.吴姗译[J]. 民族文学研究, 2005(2): 141-144.

[31] 曹明伦. 谈深度翻译和译者的历史文化素养[J]. 中国翻译, 2013(3): 117-119.

[32] 曹意强. 美术博物馆与新旧博物馆学王璜生. 美术馆[A]. 上海：上海书店出版社，2008.

[33] 曹意强. 艺术学的理论视阈[M]. 上海：上海书画出版社，2015.

[34] 曹意强. 艺术学的理论视阈[M]. 上海：上海书画出版社，2015.

[35] 陈刚. 旅游翻译与涉外导游[M]. 北京：中国对外翻译出版公司，2004.

[36] 辞海编辑委员会. 辞海[Z]. 上海：上海辞书出版社, 2009.

[37] 丁清梅.中西方文化背景差异下的翻译研究[M]. 北京：中国书籍出版社, 2014.

[38] 董璐. 传播学核心理论与概念[M]. 北京：北京大学出版社，2008.

[39] 段峰. 作为表演的翻译——表演理论视域下的我国少数民族口头文学对外翻译[J]. 当代文坛, 2012(4): 153-156.

[40] 段峰. 文化翻译与少数民族文学对外译介研究[M]. 北京：外语教学与研究出版社, 2016.

[41] 方梦之. 中国译学大辞典[Z]. 上海：上海外语教育出版社, 2011.

[42] 冯英, 蔡进. 科技英语文体特征及其翻译[J]. 中山大学学报论丛, 2006（7）: 131-134.

[43] 高丙中, 吴晓黎, 李霞, 等, 译.《写文化》与民族志发展的三个阶段(代译序)[A]. 詹姆斯·克利福德, 乔治·马库斯. 写文化——民族志的诗学与政治学[M]. 北京：商务印书馆, 2006.

[44] 关世杰. 中国跨文化传播研究十年回顾与反思[J]. 对外大传播, 2006(12) : 32-36.

[45] 华经情报网. 2018 年中国出境游消费情况及目的地分析, 我国出境游发展潜力巨大[EB/OL]. (2019-03-05)[2019-08-11]. https://baijiahao. baidu. com/s?id=1627156652814479129&wfr= spider&for=pc.

[46] 韩江洪. 国外翻译规范研究述评[J]. 解放军外国语学院学报, 2004（3）: 53-56.

[47] 贺麟. 严复的翻译[A]. 罗新璋. 翻译论集[C]. 北京：商务印书馆, 1984.

[48] 胡正荣, 段鹏, 张磊. 传播学总论[M]. 北京：清华大学出版社, 2008.

[49] 克里斯·库珀, 等. 旅游学原理与实践[M]. 张俐俐. 蔡利平, 等, 译. 北京：高等教育出版社, 2004.

[50] 李彬. 传播学引论[M]. 北京：新华出版社, 2003.

[51] 李建军. 文化翻译论[M]. 上海：复旦大学出版社, 2010.

[52] 李宇明. 语言服务与语言消费[J]. 教育导刊, 2014(7): 93-94.

[53] 廖七一. 当代英国翻译理论[M]. 武汉：湖北教育出版社, 2001.

[54] 廖七一. 翻译规范及其研究途径[J]. 外语教学, 2009（1）: 95-98, 103.

[55] 梁启超. 梁启超论中国文化史[M]. 北京：商务印书馆, 2012.

[56] 刘宓庆. 文化翻译论纲[M]. 武汉：湖北教育出版社, 1999.

[57] 刘重德. 翻译原则再议——在海峡两岸外国文学翻译研讨会上的发言[J]. 外国语, 1993(3): 29-33.

[58] 刘科, 巫宏梅. 从目的论视角看导游口译策略选择中的文化制约[J]. 贵阳学院学报, 2009(4): 107-111.

[59] 陆莲枝. 壮族麽经英译新范例：民族志式深度翻译——贺大卫《汉王与祖王》英译本评介[J]. 百色学院学报, 2017(7): 88-91.

[60] 吕斐宜. 受众心理与传统文化传播[J]. 贵州社会科学, 2007(7): 51-54.

[61] 钱冠连. 汉语文化语用学[M]. 北京：清华大学出版社, 2002.

[62] 覃海晶.《传播学视阈下的旅游翻译研究》评介[J]. 考试与评价（大学英语教研版）, 2015（1）: 71-74.

[63] 任小玫. 旅游地名翻译的范式、管理与文化生态意涵——从李祁的《徐霞客游记》英文节译本谈起[J]. 旅游学刊, 2009(9): 18-23.

[64]《荣宝斋》记者. 建设专业的民营美术馆——成都当代美术馆馆长吕澎答记者问[J]. 荣宝斋, 2011（6）: 150-153.

[65] 沈继诚. 目的论与广告语篇汉英翻译的策略[J]. 浙江师范大学学报(社会科学版), 2005 (2): 69-74.

[66] 史定国. 我国地名拼写国际标准化问题[J]. 语言文字应用, 1994（4）: 102-108.

[67] 宋向光. 博物馆藏品与博物馆功能[J]. 文博, 1996（5）: 98-104.

[68] 搜狐导游圈.导游收入有多少？真相大曝光！[EB/OL]. (2018-02-05)[2019-08-13]. https://www.sohu.com/a/221116283_163019.

[69] 孙利, 林宗豪. "7W"模式对翻译传播要素协调性的阐释力[J]. 外语电化教学, 2016（1）: 67-72.

[70] 孙艺风. 文化翻译[M]. 北京：北京大学出版社, 2016.

[71] 塔拉勒·阿萨德. 英国社会人类学中的文化翻译概念. 谢元媛译[A]. 詹姆斯·克利福德, 乔治·马库斯编. 写文化——民族志的诗学与政治学. 高丙中, 吴晓黎, 李霞, 等, 译[M]. 北京：商务印书馆, 2006.

[72] 田传茂. 略议翻译研究中的几个概念[J]. 语言与翻译, 2011(3).

[73] 田传茂, 王峰. 翻译与文化[M]. 北京：中国社会科学出版社, 2017.

[74] 田凯. 从藏品到展品——博物馆陈列的逻辑性认识[J]. 中国博物馆, 2011（Z1）: 81-84.

[75] 王秉钦. 文化翻译学——文化翻译理论与实践[M]. 天津：南开大学出版社，2007.

[76] 王宏印. 翻译技巧十种[A]. 方梦之. 中国译学大辞典[Z]. 上海：上海外语教育出版社，2011.

[77] 王宏印，王治国. 集体记忆的千年传唱——藏蒙史诗《格萨尔》的翻译与传播研究[J]. 中国翻译，2011(2): 16-22.

[78] 王宁. 文化翻译与经典阐释[M]. 北京：中华书局，2006.

[79] 王郅. "美术馆"一词的引进与其定义研究的意义[J]. 汉字文化，2019（7）: 66-67+101.

[80] 王志娟. 对联翻译的抗译性和可译性[J]. 上海翻译，2012: 66-69.

[81] 王佐良. 一个莎剧翻译家的历程[J]. 中国翻译，1990(1): 2-8.

[82] 辛星，杨南方，谢光琼，等. 汉英赠言精华[M]. 成都：四川辞书出版社，2002.

[83] 熊兵. 翻译研究中的概念混淆——以"翻译策略"、"翻译方法"和"翻译技巧"为例[J]. 中国翻译，2014(3): 82-88.

[84] 严建强，梁晓艳. 博物馆（Museum）的定义及其理解[J]. 中国博物馆，2001（1）: 18-24.

[85] 杨雪莲. 传播学视角下的外宣翻译——以《今日中国》的英译为个案[D]. 上海：上海外国语大学，2010.

[86] 袁军. 语言服务的概念界定[J]. 中国翻译，2014(1): 18-22.

[87] 章采烈. 中国博物馆特色旅游[M]. 北京：对外经贸大学出版社，1997.

[88] 张春芳. 对联翻译的方法与策略[J]. 盐城师范学院学报(人文社会科学版)，2008(2): 78-82.

[89] 张健. 英语对外报道并非逐字英译[J]. 上海科技翻译，2001(4): 24-28.

[90] 张美芳. 文本类型、翻译目的及翻译策略[J]. 上海翻译，2013 (4): 5-10.

[91] 张生祥. 翻译传播学：理论建构与学科空间[J]. 湛江师范学院学报，2013：116-120.

[92] 张伟，郑中原. 国际化城市的语言服务环境建设思路[J]. 重庆工

商大学学报（社会科学版·双月刊），2004(6): 67-70.

[93] 张心龙. 如何参观美术馆[M]. 杭州：浙江大学出版社，2011.

[94] 郑念. 全国科技馆现状与发展对策研究[J]. 科普研究，2010（6）：68-74.

[95] 中国社会科学院语言研究所词典编辑室. 现代汉语词典[Z]. 北京：商务印书馆，1999.

[96] 仲伟合，许勉君. 国内语言服务研究的现状、问题和未来[J]. 上海翻译, 2016(6): 1-6.

附录一

峨眉山——乐山大佛景区公示语汉英对照表

序　号	中　文	英　文
1	美丽正在悄悄绽放，请勿随意打扰	Keep off the grass.
2	栈道湿滑，小心摔倒	Slippery! Watch your step.
3	游客中心	Tourist Center
4	垃圾入桶	Garbage into Barrel
5	请勿攀爬	Do Not Climb
6	购票须知	Ticket Policy
7	小心落石，观察通行	Caution: Danger of ROCKFALL! Do not stay.
8	一个蚁穴，可以让千里之堤崩溃；一个烟头，可让万亩森林成灰	One ant hole may cause the collapse of a dam; a spark of a cigarette can destroy the whole forest.
9	提高消防素质 建设平安景区	For the safety of everybody, do not use angthing that might cause fire.
10	落石路段 非游山道 禁止通行	Caution：Danger of ROCKFALL! Access Prohibited.
11	注意 前方有猴出没	CAUTION! Home Range of Wild Monkeys Ahead.
12	水深三米 请勿靠近	CAUTION! Water Depth of Three Meters.
13	为了您的安全 请勿靠坐	For your safety, do not sit or lean on the rails.
14	禁止垂钓/游泳/采砂	No Fishing/Swimming/Sand Excavation
15	地质灾害多发地 观察通行	CAUTION! Geological disasters occur frequently here. Do not stay.
16	水浸路面 禁止通行	CAUTION: Path Possibly Flooded in Rainy Season.

序　号	中　文	英　文
17	爱护消防设施，遵守消防法规，建设平安景区	Please obey the law, protect the fire control facilities, and do not use anything that might cause fire.
18	十要/十不要	Ten Dos/ Ten Do Nots
19	禁止携带易燃易爆物品	No inflammables or explosives allowed.
20	禁止下河嬉戏游泳	CAUTION: NO Wading or Swimming
21	温馨提示	Warm Tips/FRIENDLY TIPS
22	残疾人专用通道	Wheelchair Accessible
23	走进世界遗产，爱护生态环境	Mt. EMei is a World Heritage site. Please protect the environment.
24	保护生态环境就是保护人类自己	To protect the nature is to protect ourselves.
25	为了野生猴群的健康，我们有专门的食物搭配和喂食方案，请勿自备食物喂猴。	Our expert team provides specially prepared food for the wild monkeys. Please do not feed them with your own food.
26	前面步行游山道弯多坡陡，路况复杂，进入该区域，请勿酗酒、戏水、逗猴。同时，为了您的安全请勿夜行。	The walking path ahead is meandering on steep slopes. For the concern of your safety, we suggest you refrain from alcohol, and keep your distance from the streams and monkeys. In addition, please be aware that at night the mountain area is not as safe as in daytime.
27	香烛供养三宝，香烟请离殿堂	Holy Place, No Smoking
28	咨询电话	Enquiry Tel.
29	投诉电话	Complaint Tel.
30	救援电话	Rescue Tel.
31	请勿带宠物	No Pet Admitted
32	请勿使用闪光灯	No Flash

序 号	中 文	英 文
33	请勿携带火种	No Kindling
34	秋林蝶舞	Butterflies Dancing in Autumn Woods
35	竹林丽影	Beautiful Figures in Bamboo Forest
36	花中君子	Gentleman of the flowers
37	山是一尊佛，佛是一座山	Mt. Emei is a Buddha who is incarnated in a mountain.
38	一线天	A Slit of Sky
39	滑竿服务点	Sedan Chair（Huagan）Service
40	非游览区，请勿进入	No Admittance/No Visitors
41	请爱护文物/保护文物	Please Protect Cultural Relics
42	请爱护洞内景观	Please Help to Protect the Cave Scenery
43	国家级文物保护单位	State Protected Historic Site
44	雷雨来临时请到游客中心或在车内躲避	During a storm, move quickly to Tourist Centre or inside automobile for safety.
45	有佛事活动请绕行	Detour. Buddhist Ceremony in Progress
46	应急疏散图	Evacuation Chart
47	无烟景区	Smoke-Free Scenic Area
48	游览观光车	Sightseeing Trolley/Sightseeing Bus
49	防洪通道，请勿占用	Flood Control Channel. Keep Clear!
50	内部施工，暂停开放	Under Construction Temporarily Closed
51	此处施工带来不便请原谅	Under construction, sorry for the inconvenience.
52	雷雨天禁止拨打手机	Cellphones Prohibited During Thunderstorms

附录二

成都金沙遗址博物馆公示语汉英对照表

序　号	中　文	英　文
1	文物保护中心	Protection Center of Cultural Relics
2	陈列馆	Exhibition Hall
3	遗迹馆	Relics Hall
4	推荐路线	Recommended Routes
5	玉石之路	Jade Road
6	石跪坐人像	Stone Human Keening Figure
7	青铜大立人	the Big Bronze Standing Figure
8	太阳神鸟	The Sun and Immortal Bird Gold Ornament
9	海贝形玉佩	Seashell-shaped Pendant
10	阳刻昆虫纹玉牌	Jade Plaque with Incised Insect Pattern
11	卜甲	Bujia (The role of divination task on great importance in the course of offering activities.)
12	木耜	Si (Spade-shaped Digging-stick end)
13	玉璋	Jade Zhang
14	有领玉璧	Jade collared Bi